MARCO POLO

OSTFRIESISCHE INSELN

BALTRUM, BORKUM, LANGEOOG, NORDERNEY
JUIST, SPIEKEROOG, WANGEROOGE

Reisen mit **Insider Tipps**

> Das Meer, das Watt, die Dünen, die Strände haben alle sieben Inseln gemeinsam. Trotzdem ist jede unterschiedlich. Manche sind ganz st auf anderen kann man auch die Nacht zum Tage machen.
> **MARCO POLO Autor**
> **Klaus Bötig**
> *(siehe S. 126)*

Spezielle News, Lesermeinungen und Angebote zu den Ostfriesischen Inseln:
www.marcopolo.de/ostfrieslandinseln

OSTFRIESISCHE INSELN

> SYMBOLE

MARCO POLO INSIDER-TIPPS
Insider Tipp Von unserem Autor für Sie entdeckt

★ **MARCO POLO HIGHLIGHTS**
Alles, was Sie auf den Ostfriesischen Inseln kennen sollten

☼ **SCHÖNE AUSSICHT**

📶 **WLAN-HOTSPOT**

▶▶ **HIER TRIFFT SICH DIE SZENE**

> PREISKATEGORIEN

HOTELS
€€€ über 140 Euro
€€   70–140 Euro
€   bis 70 Euro
Die Preise gelten pro Nacht für ein Doppelzimmer mit Frühstück in der Hauptsaison

RESTAURANTS
€€€ über 16 Euro
€€   12–16 Euro
€   bis 12 Euro
Die Preise gelten für ein Hauptgericht ohne Vor- und Nachspeise und ohne Getränk

> KARTEN

[116 A1] Seitenzahlen und Koordinaten für den Reiseatlas Ostfriesische Inseln
[U A1]   Koordinaten für die Karte Borkum im hinteren Umschlag
[U A7]   Koordinaten für die Karte Ostfriesische Inseln auf dem hinteren Umschlag
Karten zu Norderney finden Sie auf S. 116/117 und S. 120/121

■	**DIE BESTEN MARCO POLO INSIDER-TIPPS**	**UMSCHLAG**
■	**DIE BESTEN MARCO POLO HIGHLIGHTS**	**4**
■	**AUFTAKT**	**6**
■	**SZENE**	**12**
■	STICHWORTE	16
■	EVENTS, FESTE & MEHR	22
■	ESSEN & TRINKEN	24
■	EINKAUFEN	28
■	BALTRUM	30
■	BORKUM	36
■	JUIST	44
■	LANGEOOG	56
■	NORDERNEY	66
■	SPIEKEROOG	78
■	WANGEROOGE	86

INHALT

> SZENE
S. 12–15: Trends, Entdeckungen, Hotspots! Was wann wo auf den Inseln los ist, verrät die MARCO POLO Szeneautorin vor Ort

> 24 STUNDEN
S. 100/101: Action pur und einmalige Erlebnisse in 24 Stunden! MARCO POLO hat für Sie einen außergewöhnlichen Tag auf Norderney zusammengestellt

> LOW BUDGET
Viel erleben für wenig Geld! Wo Sie zu kleinen Preisen etwas Besonderes genießen und tolle Schnäppchen machen können:

Fischbrötchen im Kultlokal S. 34 | Happy Hour bei Lord Nelson S. 43 | Grüne Heringe satt S. 50 | Preiswert wohnen mit Hallenbad und Sauna S. 60 | Inselrundflüge zum Selbstkostenpreis S. 74 | Im alten Inselbahnhof italienisch speisen S. 82 | Doppelzimmer für 50 Euro S. 91

> GUT ZU WISSEN
Was war wann? S. 10 | Spezialitäten S. 26 | Blogs & Podcasts S. 52 | Bücher & Filme S. 54 | Boßeln S. 61 | Pfade der Tugend S. 63 | Muscheln mit Löchern S. 64 | Ungalant S. 71 | Was der Zoll erlaubt S. 77 | Merkspruch S. 85

AUF DEM TITEL
Mit Drache und Rollen über die Strände Borkums S. 102 Norderney im Krimifieber S. 15

- **AUSFLÜGE & TOUREN** **94**
- **24 STUNDEN AUF NORDERNEY** **100**
- **SPORT & AKTIVITÄTEN** **102**
- **MIT KINDERN REISEN** **106**

- **PRAKTISCHE HINWEISE** **110**

- **REISEATLAS OSTFRIESISCHE INSELN** **114**
- **KARTENLEGENDE REISEATLAS** **122**

- **REGISTER** **124**
- **IMPRESSUM** **125**
- **UNSER AUTOR** **126**

- **BLOSS NICHT!** **128**

2 | 3

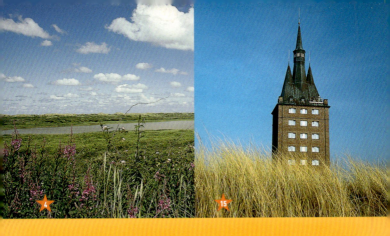

ENTDECKEN SIE DIESE INSELN!

Unsere Top 15 führen Sie an die traumhaftesten Orte und zu den spannendsten Sehenswürdigkeiten

Die Highlights sind in der Karte auf dem hinteren Umschlag eingetragen

 Töwerland-Music-Festival
Drei Tage variantenreiche Musik auf Open-Air-Bühnen und in den Kneipen von Juist (Seite 22)

 Dünental
Eine Landschaft auf Baltrum, in der im Mai Kreuzkröten Konzerte geben und sonst große Stille herrscht (Seite 32)

 Heimatmuseum Dykhus
Das informativste Museum der Inseln in einem typisch ostfriesischen Bauernhaus auf Borkum (Seite 39)

 FKK-Strand/Strandsauna
Klar ist man am FKK-Strand auf Borkum nackt. Aber das Besondere ist: Hier dürfen Sie – anders als sonst – auch in manchen Dünen liegen (Seite 43)

 Gezeitenland
Modernes Ganzjahresbad für Wellness, Wellensurfen und Wasserspaß mit großer Panoramasauna auf Borkum (Seite 43)

 Hammersee
Der größte See der ostfriesischen Inseln liegt auf Juist – Sie können ihn in einer Stunde umwandern (Seite 47)

 Seebrücke
Mit seinem begehbaren Seezeichen am Ende der neuen Seebrücke holt Juist den Arabischen Golf ans Wattenmeer (Seite 49)

 Skulpturen
Fünf kleine Bronzen auf Juist stimmen kunstvoll aufs Badeleben ein (Seite 49)

> DIE BESTEN MARCO POLO HIGHLIGHTS

 Dünenfriedhof
Auf Langeoog erinnert ein romantisch angelegter Gemeindefriedhof an die große Sängerin Lale Andersen und an das Leiden im Zweiten Weltkrieg (Seite 57)

 Atelier Anselm am Meer
Auf Langeoog finden Sie im Atelier des Kunstmalers Anselm Prester schöne Souvenirs mit künstlerischem Wert, angeboten werden jedoch auch Malkurse für Erwachsene und Kinder (Seite 63)

 Bademuseum
Das moderne Museum illustriert spannend und vergnüglich ein Stück Urlaubsgeschichte auf Norderney (Seite 69)

 Fischerhaus-Museum
Sehen, wie die Insulaner früher auf Norderney lebten (Seite 69)

 Kurtheater
Königlicher Kulturgenuss in historischem Ambiente auf Norderney – von der Travestieshow bis zum klassischen Drama (Seite 70)

 Alte Inselkirche
Das älteste Gotteshaus der Ostfriesischen Inseln und ein kleiner, romantischer Friedhof: Beides finden Sie auf Spiekeroog (Seite 80)

 Westturm
Preiswert schlafen in einer geschichtsträchtigen Jugendherberge auf Wangerooge (Seite 90)

Strand auf Norderney

AUFTAKT

> Weiße Strände von Horizont zu Horizont, auf denen Reiter und Wanderer zu kleinen Punkten werden. Ein unendlicher Himmel über dem Meer, das im Rhythmus von Ebbe und Flut kommt und geht. Strandkörbe und Strandsaunen, Fahrradwege durch Dünentäler, Fasane am Wegesrand, Seehunde auf Sandbänken. Pferdewagen und Bimmelbahnen, beschauliche Dörfer und zwei Städtchen, die zum Shopping und zu fröhlichen Partys einladen – all das sind die Ostfriesischen Inseln. Ein Reiseziel fürs ganze Jahr und jedes Alter, perfekt vorbereitet auf Familien mit Kindern.

> Wenn Ihr Schiff den Festlandshafen verlässt, hat Ihr Inselurlaub schon begonnen. Möwen begleiten die Fähre, deren Kapitän sich an Bojen und den langstieligen Birken- und Reisigbüscheln, den „Pricken", orientiert, um im schmalen Fahrwasser zu bleiben. Bei Dunkelheit müssen die Seeleute die Seezeichen mit Suchscheinwerfern ausfindig machen, um nicht ins flache Wasser des Wattenmeers zu geraten. Außer nach Borkum und Juist dauert die Fahrt nicht länger als eine Stunde. Wenn Sie nicht gerade Norderney als Ziel haben, merken Sie schon im Inselhafen deutlich, dass Sie in einer anderen Welt angekommen sind. Auf manchen Inseln warten kleine Züge auf Sie, auf anderen stehen Pferde- und Handkarren für Ihr Gepäck bereit. Taxis und Busse gibt es nur auf Norderney – und zusätzlich zur Inselbahn auch auf Borkum.

Einer Ihrer ersten Spaziergänge führt Sie sicherlich an die offene Nordsee mit ihren grandiosen Sandstränden – perfekt zum Sonnen, Baden und Strandwandern. Wie weit der Weg zum Strand ist, hängt nicht nur von der Lage Ihrer Unterkunft ab, sondern auch von der jeweiligen Inselnatur. Auf Spiekeroog und Langeoog werden Ort und Strand durch einen breiten Dünenstreifen voneinander getrennt, auf Wangerooge, Borkum

> *Eigene Strandabschnitte für Badende, Surfer und FKK-Fans*

und Norderney reichen die Häuser bis an die Uferpromenade heran. Auch diese Uferpromenaden sind ganz unterschiedlich. Mal säumen sie den Strand, auf anderen Inseln wieder verlaufen sie teilweise in den Dünen.

Im Sommer wachen zu den Badezeiten Rettungsschwimmer über Ihre Sicherheit. Auch für Surfer ist ein eigener Strandabschnitt ausgewiesen,

Deutschlandweit einzigartig: Auf Spiekeroog wird die Schienenbahn noch von Pferden gezogen

AUFTAKT

ebenso für Urlauber mit Hunden. Und auf Norderney und Borkum gibt es spezielle Strandgebiete, in denen Sie nackt baden und sonnen können. Auf den anderen Inseln kann außerhalb des Ortsbereichs jeder so viel oder so wenig Textil tragen, wie er möchte.

Auf allen Inseln führen die schönsten Strandwanderungen gen Osten, denn dann gelangen Sie zu einer weiten, meist völlig ebenen Sandfläche – einer Sandbank, die bei Flut vom Wasser bedeckt wird. Hier stehen Sie auf jungem Land, denn die Inseln wachsen durch Sandanschwemmungen weiter. So ist zum Beispiel Baltrum seit 1650 in Richtung Osten um 1500 m gewachsen. Unterwegs können Sie an den Spülsäumen, also den deutlich erkennbaren Linien des letzten Hochwassers, Muscheln und Reste von Krebsen, Pflanzen und vielleicht auch eine Flaschenpost oder ein Stück Bernstein finden. Und

mit etwas Glück entdecken Sie auch Seehunde, die sich eine Ruhepause gönnen.

Für den Rückweg ins Dorf oder die Stadt bieten sich auf den meisten Inseln zwei Möglichkeiten an: Sie können entweder durch ein Dünental gehen, das sich manchmal kilometerlang zwischen den meeresnäheren und jüngeren Weißdünen sowie den älteren Graudünen entlangzieht, oder in der Nähe des Wattenmeers bleiben, wo der Weg am Rand der Salzwiesen oder auf einem Deich ver-

> **Seehunde pausieren auf der Sandbank**

läuft. Durch das Watt selbst zu gehen ist gefährlich und deshalb im Alleingang verboten – aber für Wattwanderungen gibt es auf allen Inseln geprüfte Führer. Auf der Wattseite der Inseln lohnt es sich besonders, ein Fernglas dabeizuhaben, denn die Wattenküste ist ein Eldorado für Vögel. Spätestens hier wird deutlich, warum es gut ist, dass Watt und Inseln zum *Nationalpark Niedersächsisches Wattenmeer* erklärt wurden. Eines der ersten Gebäude, auf das Sie an der Grenze zum bewohnten Gebiet stoßen werden, wird wahrscheinlich ein Ausflugslokal sein. Von hier an begegnen Sie auf den meisten Inseln auch wieder Radfahrern – nur nicht auf Spiekeroog und Baltrum, wo sogar dieses „schnelle" Verkehrsmittel verpönt ist.

Zusätzlich zu Naturgenuss und Badefreuden bieten die Kurverwaltungen –

WAS WAR WANN?

Geschichtstabelle

7 v. Chr. Erste Erwähnung der Inseln durch einen römischen Schriftsteller

um 800 Christianisierung der Friesen und Eingliederung Ostfrieslands ins Fränkische Reich Karls des Großen

1576 Emder Kaufleute lassen auf Borkum den Alten Turm als ältestes aller noch erhaltenen Seezeichen auf den Inseln errichten

1797 Acht Jahre nach der Französischen Revolution wird auf Norderney das erste deutsche Seebad gegründet

1807–1813 Die Inseln fallen unter französischer Herrschaft an das Königreich Holland

1815 Sechs der Inseln werden dem Königreich Hannover einverleibt, Wangerooge bleibt oldenburgisch

1856 Als erste Dampfschiffe nehmen zwei Raddampfer den Fährverkehr zwischen Emden und Norderney auf

1873 Bau einer Synagoge auf Norderney

1885 Auf Spiekeroog wird die erste Inselbahn eingeweiht – gezogen von Pferden

1888/89 Norderney erhält als erste der Inseln Kanalisation, ein Gaswerk und elektrisches Licht

1940 Zum Ausbau militärischer Anlagen werden Tausende ausländischer Zwangsarbeiter auf die Inseln gebracht

1986 Gründung des Nationalparks Niedersächsisches Wattenmeer

2008 Allein im Juli und August besuchen fast 200 000 Gäste die Inseln, zumeist aus Bayern und Baden-Württemberg

zumindest im Sommerhalbjahr – fast täglich Veranstaltungen an. Jede Insel hat ihr „Kurviertel" mit Hallenbad, Lesesaal und medizinischen Kureinrichtungen (Kurzentrum) sowie ein „Haus der Insel" oder ein „Haus des Gastes", das als Veranstaltungs- und Tagungsort dient. Und die örtliche Gastronomie tut überall ihr Bestes – auf Norderney und Borkum sogar fast rund um die Uhr.

Die Insel Norderney vollzog als erste den Schritt vom ärmlichen Fischer- und Seemannsdorf zum Nordseeheilbad und stieg als einzige schon im vorletzten Jahrhundert zum international bekannten Kurort auf. Den Boden dafür hatten Philosophen wie Voltaire und Jean Jacques Rousseau bereitet, die ein einfaches Leben in freier Natur als hohes Glück priesen. Ein Juister Pastor war es dann, der sich an den preußischen König Friedrich den Großen gewandt hatte, um ihn auf den gesundheitlichen Nutzen eines Kuraufenthalts am Meer aufmerksam zu machen. Ihm war kein Erfolg beschieden; doch kurz darauf gelang es dem Norderneyer Landarzt Friedrich-Wilhelm von Halem, von den ostfriesischen Landständen Mittel bewilligt zu bekommen, die dann am 17. Mai 1797 zur Gründung des ersten deutschen Nordseebads auf Norderney führten.

Im Lauf des 19. Jhs. wandten sich auch die anderen Inseln dem Fremdenverkehr zu, ohne freilich die gleiche königliche Protektion wie Norderney zu genießen, sodass ihre Kurbauten eher bescheiden blieben. Wirtschaftskrisen und Kriege warfen

AUFTAKT

die zunehmend vom Tourismus abhängig werdenden Inseln immer wieder in ihrer Entwicklung zurück. In beiden Weltkriegen baute man insbesondere Borkum und Wangerooge zu Seefestungen aus und legte Flugplätze an bzw. erweiterte sie. Wangerooge wurde noch in den letzten Kriegstagen durch alliierte Bomber nahezu vollständig zerstört. Doch nachhaltigere Veränderungen als durch die Kriege hat den Inseln der Bauboom in den 1960er- und 70er-Jahren beschert, an dem vielfach inselfremde Investoren beteiligt waren.

Heute bedauern die Insulaner so manche Bausünde und achten sorgfältig darauf, sie nicht zu wiederholen. Neubauten werden daher kaum noch genehmigt.

Deutlich ist der Trend zu Ferienwohnungen – und zum kürzeren Mehrfachurlaub, der den Inseln eine immer länger werdende Saison beschert. Der Winter ist für die Insulaner aber immer noch eine Zeit relativer Ruhe. Dabei lohnt es sich durchaus, die Inseln in der kalten Jahreszeit zu besuchen. Unvergesslich ist der Anblick verschneiter Dünen – und vielleicht friert ja sogar wieder einmal das Wattenmeer zu, wie es zuletzt im Eiswinter 1996/97 geschah.

Mittelpunkt von Norderney ist der begrünte Kurplatz mit neuer Musikmuschel und Kurhaus

> **Deutlich ist der Trend zu Ferienwohnungen**

▶▶ WAS IST ANGESAGT?

Trends, Entdeckungen und Hotspots. Unser Szene-Scout zeigt Ihnen, was auf den Inseln los ist.

Josipa Brünings
Die Yoga- und Pilateslehrerin lebt und arbeitet auf den Ostfriesischen Inseln und kennt die Region wie ihre Westentasche. Immer auf der Suche nach neuen Trends in Sachen Wellness, Sport und Nightlife trifft man unseren Szene-Scout im Fitnessstudio oder auch in den Clubs und Bars der Inseln. Bei schönem Wetter entspannt sie am liebsten am Strand und genießt das bunte Treiben und die Action am Meer!

▶▶ FERNOST WELLNESS

Von A wie Ayurveda bis Z wie Zen

Ausspannen, Kraft tanken und die Seele baumeln lassen. Wellnessanwendungen aus Indien, China und Japan bringen völlige Entspannung. Reiki, Shiatsu und Aromatherapien stehen so hoch im Kurs wie noch nie. Im *Aqua Agil Spa* des *Hotel Freese* finden Stressgeplagte bei Aromamassagen ihre innere Mitte wieder. Der Duft von Traube, Lavendel, Honig oder Zitrone fördert das Wohlbefinden und stärkt das Immunsystem *(Wilhelmstr. 60–61, Juist, www.nordseehotel-freese-juist.de)*. Therapeutische Massagen mit Heißluft nach ayurvedischen Heilverfahren, Atemtherapie und Shirodara (Stirnguss) sorgen ebenfalls mit dem Wissen aus Fernost für maximale Entspannung *(Borkum Oase, Bismarkstr. 40, Borkum)*. Wellnessbegeisterten, die in den Outdoor-Wannen des Private Spa des Hotels *Seesteg* Platz nehmen, bieten sich atemberaubende Ausblicke aufs Meer *(Hotel Seesteg, Damenpfad 36a, Norderney, www.seesteg-norderney.de, Foto)*.

SZENE

▶▶ INSELKUNST

Inspirationen aus der Natur

Kunst und Landschaft sind auf den Inseln eng miteinander verbunden. Immer mehr Maler ziehen ihre kreative Energie aus der Idylle rund um Meer und Dünen. Die Berliner Künstlerin Mascha Oehlmann reist regelmäßig nach Spiekeroog, wo sie Workshops abhält und Inspiration für ihre eigenen Arbeiten sucht *(www.moartics.com, Foto)*. Inselkünstler Claus-Ulrich Ipsen beschäftigt sich in seinen Arbeiten mit dem Meer: Mit Fundstücken aus der Natur fertigt er im Atelier und in der Schmiede Kunstobjekte an *(Atelier in der Schmiede, Langestr. 30, Norderney, www.atelier-schmiede.de)*. Einen Einblick in die Szene bekommt man im *Atelier Norderney (Winterstr. 9, Norderney, www.atelier-norderney.de)*.

▶▶ BEACHSOCCER

Strand statt Bolzplatz

Beachsoccer: Die Trend- und Funsportvariante des Fußballs hat auf den ostfriesischen Inseln eingeschlagen. Ursprünglich an den Stränden von Brasilien erfunden, hat der Trend vom Zuckerhut auch die deutschen Insulaner erreicht. Die Community ist inzwischen sogar so weit, dass einmal im Jahr Beach Soccer Cups auf verschiedenen Inseln abgehalten werden. So auch der *Beachsoccer-Funcup* auf Norderney *(www.beachsoccer-norderney.de, Foto)* und der *Kite- und Beachsoccer-Cup* auf Baltrum *(www.kc-baltrum.de)*. Für alle, die vom Kicken am Strand nicht genug bekommen können: Die Inseln Juist und Wangerooge stellen von Mai bis Oktober Tore entlang der Strände auf *(www.juist.de* und *www.wangerooge.de)*.

12 | 13

▶▶ IMMER BUNTER

Norderney im Cocktailrausch

Mixgetränke in verschiedenen Farben mit Schirmchen, Lametta, Strohhalm oder Zuckerrand – die Deko der kunstvollen Leckereien ist Geschmackssache, aber eines ist sicher: Norderney ist im Cocktailrausch! Die wahre Cocktaillust wird im *Surfcafé* geweckt *(Am Januskopf 9, www.surfcafe.info)*. In der *Cocktail-Schmiede (Schmiedestr. 8)* stehen 46 Varianten zur Auswahl. Leckere alkoholfreie Drinks gibt es in der *Cocktail-Bar Orange (Poststr. 10)*.

▶▶ ROCKIGE TÖNE

So klingt der junge Norden

Von wegen norddeutsche Gemütlichkeit – die Inseln sind hart und laut. Auf Borkum bringt *Nu Matix (www.nu-matix.de, Foto)* die Insel zum Rocken. Mit rasiermesserscharfem New Metal begeistert die Band das Publikum. Dieser Hype steckt an. Die fünf Jungs von *Temporary Arrangement* setzen ebenfalls auf harte Töne *(www.temporary.de)*. Die verschiedenen Geschmäcker der Bandmitglieder fließen in einen punkigen Mix aus Emo und Rock zusammen, der sich hören lassen kann. Auch die Newcomerband *Descartar* mag es lieber heavy – und zwar Metal *(www.descartar.de)*. Wenn Baltrum zum alljährlichen *Dornröschen-Rockt-Festival* aufruft, geben die Bands laut und live alles *(www.dornroeschen-rockt.de)*.

▶▶ UNVERSCHÄMT LECKER

Paradies für Feinschmecker

Gastronomen setzen auf Genuss pur und verwöhnen mit allerfeinsten Gerichten, die jeden Gourmet dahinschmelzen lassen! Feinschmecker-Topspot: *N'eys* Gourmetrestaurant. Küchenchef Ulf Kettler experimentiert gern mit neuen Aromen und kreiert dabei kleine Kunstwerke wie Muskat-Kürbissuppe mit Jakobsmuscheln und Thunfisch auf Tintenfischrisotto mit Safransauce *(Strandhotel Georgshöhe, Kaiserstr. 24, www.georgshoehe.de, Foto)*. Noch mehr Traumhaftes kommt im *Restaurant Meersalz* auf den Teller. Das Interieur mit edlen Hölzern und Steinen verspricht, was das Essen hält. Die Küche verlässt nur, was dem hohen Qualitätsanspruch genügt. Die Karte wechselt alle vier bis sechs Wochen und ermöglicht es, Saisonales auf den Tisch zu bringen *(Meersalz Noderney, Bäckerstr. 4, www.lennermann.de)*.

▶▶ SZENE

▶▶ MÖRDERISCH

Für jede Insel einen Krimi

Heimtückische Morde sind auf den Ostfriesischen Inseln an der Tagesordnung – doch erfreulicherweise nur in der Literatur. Eine Krimiwelle hat die Inseln erfasst. Die meisten der Insel-, Ostfriesland- oder Strandkorbkrimis gehen beim ostfriesischen *Leda-Verlag* über den Tisch *(www.leda-verlag.de)*. Bei Veranstaltungen, wie dem *Ost-Friesischen Krimisommer (www.krimisommer.info,* Foto) oder den *Ost-Friesischen Krimitagen (www.krimitage.de)* geht es dann zur Sache: Im *Konversationshaus* auf Norderney *(Am Kurplatz)* oder im *Lesesaal Baltrum (Haus Nr. 130)* gibt es spannende Lesungen rund um Mord und Totschlag.

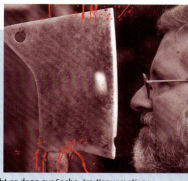

▶▶ SAND STATT AMT

Wie man sich heute traut

„Ja, ich will! – Aber nur auf den Inseln!" Das denken sich immer mehr Verliebte vom Festland und schließen den Bund fürs Leben an den ungewöhnlichsten Orten der Region. Unvergessen bleibt der Hochzeitstag zum Beispiel in den luftigen Höhen der alten Leuchttürme auf Borkum *(Kontakt: Stadt Borkum, Steffanie Drost, Neue Str. 1, www.borkum.de)* und Wangerooge *(Kontakt: Gemeinde Nordseeheilbad, www.leuchtturm-wangerooge.de)*. Richtig nordisch wird es in der *Hochtiedsstuv*, einem rustikalen Fischerhaus im Argonnerwäldchen, oder im hölzernen Badekarren direkt am Stand auf Norderney *(Kontakt: Stadt Norderney, Am Kurplatz 3, www.stadtnorderney.de,* Foto*)*. Stürmischer kann es hingegen bei der Zeremonie an Bord des Motorschiffs *Langeoog I (Kontakt: Standesamt Langeoog, www.langeoog.de)* zugehen, das nach der Trauung gern mal in See sticht.

> VON BUHNEN, DÜNEN UND FEUERSCHIFFEN

In Kürze alles Wissenswerte über die Inselwelt und ihre eigenen Gesetze

BUHNEN & DEICHE

„Gott schuf das Meer, der Friese das Land", sagt man im Norden Deutschlands. Schon vor 1000 Jahren begann man an der Küste Deiche zu bauen, bereits um 1300 war die gesamte Küste eingedeicht. Doch immer wieder brachten heftige Strumfluten die Schutzdeiche zum Einbrechen.

Auf den Ostfriesischen Inseln begann man mit dem Küstenschutz allerdings erst in der Mitte des vorletzten Jahrhunderts. Um die Inseln vor Abtragung zu bewahren, wurden auf den im Westen nicht durch Dünen und Sandbänke geschützten Inseln Baltrum, Borkum, Norderney, Spiekeroog und Wangerooge sogenannte Buhnen angelegt. Wangerooge hat 22, Norderney gar 32. Diese Buhnen, Dämme aus Gestein und Mörtel, verlaufen quer zum Ufer weit ins Meer hinaus. Sie dienen zur Abwehr der

Bild: Fischkutter bei Ebbe

STICH WORTE

Strömung in Seegats (Fahrrinnen) und Prielen. Sie sollen nicht nur die Sandabtragung verhindern, sondern neue Sandanlandung fördern. Zum Wattenmeer hin ergänzen Deiche das Küstenschutzsystem.

DÜNEN

Dünen prägen auf allen Ostfriesischen Inseln die Landschaft. Wie sie entstehen, kann man bei einem Spaziergang entlang des Strandes sehen. An seinem oberen Rand, der nur gelegentlich vom Meer überspült wird, können bereits einige hoch spezialisierte Pflanzen wie Meersenf, Salzkraut und Strandquecke gedeihen. In deren Windschatten kommt es zu kleinen Sandanhäufungen, den sogenannten Vor- oder Primärdünen, auf denen sich dann der Strandhafer als Hauptbaumeister der Dünen ansiedeln kann. Er bildet weit verzweigte

Wurzeln bis zu 10 m Länge, mit denen er den Boden so festigt, dass sich immer mehr Sand ansammelt. So entsteht die meeresnahe Kette der Weißdünen. Sie werden nicht weiter vom Meer überspült, und der Regen wäscht immer mehr Salz aus dem Sand heraus. Hier können sich dann andere Pflanzenfamilien festsetzen, darunter Sandnachtkerze, Sandrotschwingel und Sanddorn.

Die mit einer hauchdünnen Humusschicht bedeckten Dünen werden im Lauf der Jahre von Gräsern überwuchert, die ein weiteres Wachsen und Wandern der Sandberge verhindern. So entstehen die Graudünen. Wird deren Pflanzendecke verletzt, kann der Wind sie angreifen und zerstören: Ihre ärgsten Feinde sind Wanderer, die sich nicht an die Wege halten, und Kaninchen.

Das Endstadium der Dünenentwicklung sind schließlich die Braundünen. Sie werden zunächst von Krähenbeerheide bedeckt, später beginnt die Verwaldung mit der Ansiedlung von Moorbirken, Stileichen, Vogelbeeren und anderen Dünengebüschen wie Kriechweide.

EBBE & FLUT

Die Gezeiten, von den Küstenbewohnern *Tiden* genannt, bestimmen den Lebensrhythmus auf den Inseln. Innerhalb von 24 Stunden und 50 Minuten ist je zweimal Hoch- und Niedrigwasser, zweimal am Tag läuft das Wasser ab (Ebbe) und wieder auf (Flut). Der Tidenhub, also der Unterschied zwischen Niedrig- und Hochwasser, nimmt von West nach Ost zu: Auf Borkum beträgt er 2,20 m, in Bremerhaven sind es bereits 3,50 m.

FEUERSCHIFFE

Landratten glauben manchmal, Feuerschiffe seien eine Art Feuerwehr des Meeres. Das aber sind die Feuerlöschboote. Feuerschiffe waren noch vor vier Jahrzehnten überall vor der deutschen Küste als Seezeichen stationiert, vor allem weit draußen auf See, wo Leuchttürme nicht gebaut werden konnten. Sie standen zumeist an den Seestraßen zu den großen Hafenstädten wie Emden, Bremen und Hamburg. Heute sind sie alle außer Dienst gestellt.

Die stets seitwärts laufenden Strandkrabben gehören zu den bekanntesten Bewohnern des Watts

STICHWORTE

GRODEN, HELLER & POLDER

Die drei Bezeichnungen *Groden, Heller* und *Polder* findet man auf allen Inselkarten. Polder oder Innengroden heißt ein eingedeichtes Grünland, aus dessen Boden durch Niederschläge das vor der Eindeichung enthaltene Salz herausgespült wurde. Polderwiesen werden teilweise gemäht; sie sind aber auch gute Viehweiden. Als Heller oder Außengroden bezeichnet man hingegen das nicht eingedeichte Grünland an der Wattküste, das größtenteils aus Salzwiesen besteht.

LEBEN IM WATT

Muscheln, Strandkrabben und Wattwürmer, die Gänge in den Wattenboden bohren und den Auswurf als markante „Sandwürmer" auf der Oberfläche hinterlassen, machen das Watt zum idealen Futterreservoir für viele Vogelarten. Da Sie ohnehin nicht allein ins Watt dürfen, sondern sich einer Führung anschließen müssen, erfahren Sie von den begleitenden Wattführern Näheres über die Besonderheiten der hiesigen Fauna.

NATIONALPARK

Alle Ostfriesischen Inseln liegen im *Nationalpark Niedersächsisches Wattenmeer,* der 1986 deklariert wurde. Sitz seiner Verwaltung ist Wilhelmshaven. Auf mehreren Inseln unterhält sie unterschiedlich gut ausgestattete Informationshäuser, deren Mitarbeiter Fragen zum Nationalpark beantworten und Führungen anbieten. *www.nationalpark-wattenmeer.niedersachsen.de*

Die Grenzen des Nationalparks sind durch blaue Schilder gekennzeichnet

PLATTDEUTSCH

Im Mittelalter sprachen die Friesen noch Friesisch, auf Wangerooge beherrschten es einige noch bis 1920. Doch schon seit dem 15. Jh. haben die Ostfriesen ihre eigene, westgermanische Sprache immer stärker zu Gunsten des in den Hansestädten gesprochenen Niederdeutschen aufgegeben. Auf Borkum wandte man sich teilweise dem Holländischen zu; hier wurde Hochdeutsch erst 1890 zur Amtssprache erklärt. Das ostfriesische Plattdeutsch wird auch heute noch von den echten Insulanern gesprochen und ist von Insel zu Insel leicht unterschiedlich.

Im Spätsommer überzieht der lilafarbene Strandflieder farbenfroh die Salzwiesen

SALZWIESEN & QUELLERWATT

Auf der Wattseite der Inseln liegen mit den Salzwiesen besonders schützenswerte Gebiete, die nur auf markierten Wegen betreten werden dürfen. Als Salzwiesen bezeichnet man die nur gelegentlich vom Wasser überspülten Landflächen zwischen dem Seedeich und der meist 20 bis 30 cm hohen Abbruchkante, an der das Watt beginnt. Hier leben mit dem Queller (im August und September gelblich grün blühend) und dem Salzschlickgras (blüht von Juni bis September gelblich weiß) zwei Pflanzen, die mit ihren Wurzeln den Boden festigen, und an denen sich feine Schwebstoffe absetzen. So wird der Boden erhöht und zugleich nährstoffreicher, sodass die Pflanzen schließlich absterben und anderen Arten Platz machen, deren Lebensraum die untere Salzwiese ist. Auf der mittleren und oberen Salzwiese, die noch seltener vom Meerwasser erreicht wird, ist dann wieder eine andere Pflanzenwelt zu finden, zu der die selten gewordene Strandnelke und das Löffelkraut zählen.

SCHULWESEN

Die Kinder der Insulaner können bis zum Ende der 10. Klasse auf ihren Inseln zur Schule gehen und dort den Haupt- oder Realschulabschluss machen. Zum Besuch der Gymnasien und weiterführenden Schulen müssen sie aber aufs Festland fahren und dort bei Verwandten oder im Internat wohnen. Nur die Gymnasiasten von Norderney haben die Möglichkeit, morgens mit der Fähre zur Schule zu fahren und abends nach Hause zurückzukehren. Auf Spiekeroog werden an der privaten Hermann-Lietz-Schule zehn Plätze für Inselkinder freigehalten.

SEEHUNDE

Die liebsten Tiere an der Nordseeküste sind den meisten Urlaubern

> www.marcopolo.de/ostfrieslandinseln

STICHWORTE

wohl die Seehunde, die manchmal schon von der Fähre aus auf den Sandbänken zu sehen sind. Auf allen Inseln werden auch Fahrten zu den Seehundsbänken angeboten. Dort liegen die Tiere, wenn das Watt trocken gefallen ist, und sammeln Kräfte für die Jagd im zurückkehrenden Wasser. Ihre bevorzugte Nahrung sind Plattfische, sie begnügen sich aber auch mit Garnelen. Seehunde, die ja Meeressäuger sind, können bis zu 40 Minuten lang unter Wasser bleiben. Sie werden bis zu 100 kg schwer und 1,50 bis 1,80 m lang. Derzeit werden im Niedersächsischen Wattenmeer im Schnitt etwa 7000 Seehunde gezählt, davon fast ein Viertel Jungtiere.

UMWELTSCHUTZ

Eine möglichst intakte Umwelt ist für alle Inseln lebensnotwendig. Deswegen wird viel für den Umweltschutz getan. Das ist auf den Ostfriesischen Inseln besonders kostenintensiv, da alle Einrichtungen für ein Vielfaches der Einwohnerzahl angelegt sein müssen. So kann die Kläranlage auf Norderney, das nur 6460 Einwohner zählt, die Abwässer von 50 000 Menschen verarbeiten. Der Müll wird getrennt gesammelt, gepresst und aufs Festland transportiert. Auf Norderney sind das 10 000 bis 12 000 t jährlich.

WINDKRAFT

Vor der Küste sind eine Reihe von Offshore-Windparks geplant oder bereits im Bau, deren Riesenwindräder aus bis zu 100 km Entfernung Strom aufs Festland liefern sollen. Die dafür notwendigen Untermeeresleitungen werden direkt durch das Wattenmeer und über die Inseln führen.

> DAS KLIMA IM BLICK
Handeln statt reden — atmosfair

Reisen bereichert und verbindet Menschen und Kulturen. Jedoch: Wer reist, erzeugt auch CO₂. Dabei trägt der Flugverkehr mit bis zu 10 % zur globalen Erwärmung bei. Wer das Klima schützen will, sollte sich somit nach Möglichkeit für die schonendere Reiseform (wie z.B. die Bahn) entscheiden. Wenn keine Alternative zum Fliegen besteht, so kann man mit *atmosfair* handeln und klimafördernde Projekte unterstützen.

atmosfair ist eine gemeinnützige Klimaschutzorganisation.

Die Idee: Flugpassagiere spenden einen kilometerabhängigen Beitrag für die von ihnen verursachten Emissionen und finanzieren damit Projekte in Entwicklungsländern, die dort helfen den Ausstoß von Klimagasen zu verringern. Dazu berechnet man mit dem Emissionsrechner auf www.atmosfair.de wie viel CO₂ der Flug produziert und was es kostet, eine vergleichbare Menge Klimagase einzusparen (z.B. Berlin–London–Berlin: ca. 13 Euro). *atmosfair* garantiert, unter der Schirmherrschaft von Klaus Töpfer, die sorgfältige Verwendung Ihres Beitrags. Auch der MairDumont Verlag fliegt mit *atmosfair*.

Unterstützen auch Sie den Klimaschutz: www.atmosfair.de

Sportlich, witzig, maritim

Für ihre Gäste und sich selbst planen die Insulaner ein buntes Programm

> Langeweile kommt auf den sieben Inseln kaum auf. Kurverwaltungen und Verkehrsvereine, Kneipen und Hotels lassen sich zumindest im Sommerhalbjahr für jeden Abend und für jedes Alter etwas einfallen: Diavorträge und Konzerte der einheimischen Shantychöre, Theatergastspiele und Auftritte bekannter Künstler. Viele Veranstaltungen werden erst kurzfristig genau terminiert und dann in den monatlich oder zweimonatlich erscheinenden Veranstaltungskalendern der Inseln angekündigt. Darüber hinaus gibt es viele sportliche Events, an denen auch Urlauber im Rahmen von Gästeturnieren oder -regatten teilnehmen können. Hafen- und Dorffeste sowie kulturelle Festivals vor allem auf den größeren Inseln runden das Programm ab.

GESETZLICHE FEIERTAGE

1. Jan. (Neujahr); **Karfreitag; Ostermontag; 1. Mai** (Tag der Arbeit); **Himmelfahrt; Pfingstmontag; 3. Okt.** (Tag der Deutschen Einheit); **1. und 2. Weihnachtsfeiertag**

FESTE & VERANSTALTUNGEN

März/April (Ostern)

Orgelkonzert am Karfreitagnachmittag in der ältesten Kirche der Ostfriesischen Inseln auf Spiekeroog

Osterfeuer in der Nacht zum Ostersonntag auf allen Inseln

Traditioneller *Osterspaziergang* auf Spiekeroog morgens um 6 Uhr ab Alter Inselkirche, an dem auch viele Einheimische teilnehmen, anschließend Möglichkeit zum Besuch des Ostergottesdienstes

Mai

★ *Töwerland-Music-Festival* auf Juist: drei Tage ab Himmelfahrt Jazz, Country- und Westernmusik, Folk, Gospel und Rock, 18 Bands auf 9 Bühnen, sowohl Openair als auch in vielen Kneipen

Juister Maizeit im zweiten und dritten Monatsdrittel mit zahlreichen kulturellen Veranstaltungen – von der Krimilesung bis zum Rockkonzert – an unterschiedlichen Veranstaltungsorten

Aktuelle Events weltweit auf www.marcopolo.de/events

> EVENTS
FESTE & MEHR

Mai/Juni
Pfingstbaumaufstellen durch den Heimatverein auf dem Kurplatz von Norderney am Freitag vor Pfingsten und Aufführung plattdeutscher Tänze und Lieder
Whitesandsfestival auf Norderney an Pfingsten. Partys mit Livemusik, Beachvolleyballturnier und Windsurfregatta
Jazzfestival auf Borkum mit Sessions in vielen Kneipen und im Kurhaus
Nordseelauf für Läufer und Walker, in acht Etappen über Festland und Inseln von Dornumersiel bis Bremerhaven.
www.nordseelauf.de

Juni
Filmfest Emden mit Aufführung zahlreicher neuer deutschsprachiger Filme im Kino im Kurtheater auf Norderney

Juli
Night of the Proms im Kurtheater von Norderney an einem Abend Ende Juli

Internationales *Drachenfest* am Weststrand von Norderney an einem Wochenende Ende Juli

Juli/August
Kabarett- und Comedy-Sommer auf Juist. Jede Woche große Kabarettisten wie Johann König oder Bernd Regenauer im Haus des Kurgastes

August
Hafenfest in Langeoog an einem Wochenende in der ersten Monatshälfte: Jahrmarkt, Musik und viele Segelyachten zum Bestaunen
Internationale *Beachvolleyballturniere* am Nordbad auf Borkum an den ersten drei Wochenenden im August

September
Norderney-Marathon im letzten Monatsdrittel

Dezember
Blues-Festival in vielen Borkumer Kneipen vom 27. Dez. bis Silvester

22 | 23

> EEN BEETEN GOOD UN EEN BEETEN VEEL

Ein bisschen gut und ein bisschen viel – so wünschen sich viele Ostfriesen ihr Essen

> Seit Kurgäste auf die sieben Inseln kommen, ist Schmalhans nicht mehr Küchenmeister. Die Restaurants übertreffen sich gegenseitig in der Länge und Vielfalt ihrer Speisekarten, ausländische Restaurants – allen voran Italiener – sind auf fast allen Inseln zu finden.

Und für den kleinen Hunger zwischendurch oder den schon allzu strapazierten Geldbeutel gibt es überall Fischimbisse – und auf den meisten Inseln auch einen türkischen Döner- und Kebabimbiss. In vortouristischen Zeiten war alles anders. Armut hat die typische Inselküche geprägt, die heute kaum noch angeboten wird.

Nur einige ausgewählte traditionelle Gerichte stehen noch auf den Karten mancher Restaurants. Die Inseln hatten früher keine Getreidefelder, selten Gemüsegärten und, von Kühen abgesehen, kaum Vieh. So zeichnete sich die Küche damals durch die häufige Verwendung von

Bild: Café Teetied in Spiekeroog

ESSEN & TRINKEN

Hülsenfrüchten und getrockneten Bohnen, von Speck und Pökelfleisch aus. Darauf basieren viele der alten ostfriesischen Spezialitäten.

Aber es gab natürlich auch Fisch, den die Insulaner selbst fingen. Heute reicht die Fischereiflotte Ostfrieslands bei weitem nicht mehr aus, um die große Nachfrage der Gäste nach frischem Fisch zu befriedigen. Er wird zumeist in den großen Fischereihäfen von Bremerhaven und Cuxhaven eingekauft – und häufig tiefgefroren geliefert. Das tut dem Geschmack freilich nicht unbedingt Abbruch, da die Wirte den Fisch hervorragend zuzubereiten wissen.

Eine typische Spezialität sind die kleinen Krabben, die eigentlich Garnelen sind, in Ostfriesland jedoch nur Granat genannt werden. Sie sind teuer, aber köstlich – besonders, wenn man sie frisch gekocht und ungeschält direkt vom Krabbenkutter kauft und sie in etwas mühevoller Kleinarbeit selber „auspult".

In Läden bekommt man sie auch geschält, dann aber sind sie oft weit gereist: Die meisten Krabben Ostfrieslands werden aus Kostengründen zum Schälen extra nach Polen oder Nordafrika gebracht, bevor sie, zurück in ihrer ostfriesischen Heimat, munden sollen.

Miesmuscheln stammen zumeist von Muschelbänken im Niedersächsischen und holländischen Wattenmeer. Sie schmecken lecker – aber Miesmuscheln sind auf der Roten Liste der gefährdeten Tierarten in

> SPEZIALITÄTEN
Genießen Sie die typisch ostfriesische Küche!

Granat – Kleine Nordseekrabben, noch an Bord des Kutters gekocht, oft auf Brot mit Spiegelei, aber auch als Krabbenomelett serviert

Kohl und Pinkel – Grünkohl (Braunkohl) mit durchwachsenem Speck, Kassler und Mettwürsten – eine davon ist die spezielle Pinkelwurst aus Hafergrütze, Zwiebeln, Gewürzen und ausgelassenem Bauchspeck, ein typisches Winteressen

Labskaus – Pökelfleisch oder Corned Beef, vermischt mit gestampften Kartoffeln, dazu gibt es Matjes, Gewürzgurke, Spiegelei und Rote Bete (Foto)

Ostfriesentorte – Biskuittorte, deren Hauptbestandteile Schlagsahne und in Rum eingelegte Rosinen sind

Ostfriesische Kartoffelsuppe – Kartoffelsuppe mit durchwachsenem Speck und viel Granat

Pannstipp/Pantjestipp – Dip, ideal zu Pellkartoffeln: Speck und Zwiebeln werden in einer Mehlschwitze gebräunt und mit frischer Milch abgelöscht

Scholle Finkenwerder Art – Gebratene Scholle mit vielen Speckwürfeln

Rauh braden Tuffels – Bratkartoffeln aus rohen Kartoffeln mit Speck, Zwiebeln und hier außerdem auch Granat

Snirrtjebraa/Snierdjebraden – Große Stücke Schweinenacken, mit Pfeffer und Piment eingerieben, mit Zwiebeln angebraten und dann in Wasser geköchelt – früher ein Schlachttagsessen

Speckendicken – Pfannkuchen aus Weizen- und Roggenmehl, zubereitet mit Zuckerrübensirup, Schinkenspeck und Mettwurst, nach Geschmack gewürzt

Speckfetten-Grau-Arften – Graue Erbsen, mit Möhren, Porree, Zwiebeln und durchwachsenem Speck gekocht, dazu gibt es Gewürzgurken oder Essigpflaumen

Steckrübeneintopf – Steckrüben, gekocht mit selbst gemachtem Kartoffelpüree und viel Lamm- oder Rindfleisch

Updrögt Bohnen – Ein ostfriesisches Nationalgericht: Getrocknete Bohnen werden eingeweicht und mit viel durchwachsenem Speck und Mettwürstchen gekocht

ESSEN & TRINKEN

Deutschland sogar als stark gefährdet eingestuft. Aus diesem Grund raten der WWF und die Verbraucherzentrale des Landes Bremen von ihrem Genuss ebenso ab wie vom Verzehr von Rotbarsch, Schillerlocken, Haisteaks und der so beliebten Scholle.

Ohne Umweltbedenken können Sie den Milchreis genießen, der zu einem gut sättigenden Nationalgericht geworden ist. Mit Früchten und Beeren verfeinert kann er jedes andere Hauptgericht ersetzen. Aus Beeren wird auch eine typische Nachspeise bereitet: die Rote Grütze, die mit frischer Sahne oder Vanillesoße am besten schmeckt.

Die regionaltypische Beere ist die des Sanddornstrauchs. Sie wird ebenso zum Aromatisieren von Tee, Honig und Zucker genutzt wie zur Herstellung von Bonbons, Likör und Schnaps, Marmeladen und Gelees. Und in jedem Inselcafé wird Sanddorntorte angeboten.

Auf der Getränkekarte steht in den Cafés und Teestuben das ostfriesische Nationalgetränk obenan: der Tee. Die Ostfriesen haben das Teetrinken zwar nicht erfunden, aber besonders kultiviert. Über die norddeutschen Häfen wurde früher Tee für viele Länder Europas importiert; deswegen wird er hier bis heute viel mehr konsumiert als im Süden Deutschlands.

Bei der ostfriesischen Mischung dominieren kräftige Assamsorten. Noch wichtiger als die Blätter selbst sind jedoch die Zubereitung und die Trinkzeremonie. Zunächst einmal wird die Kanne mit heißem Wasser ausgespült. Dann werden die Teeblätter mit sprudelnd kochendem Wasser übergossen. Drei Minuten lang muss der Tee ziehen, dann hält ein Stövchen die Kanne und den Inhalt warm. In die dünnwandige Por-

Teetrinken ist in Ostfriesland Kult – aber bitte mit Kluntjes und Sahne

zellantasse kommen zunächst mehrere Stück Kandiszucker, *Kluntjes* genannt. Wenn der heiße Tee darüber gegossen wird, knistern sie herrlich. Dann hebt man mit einem zierlichen Löffel vorsichtig frische Sahne in die Tasse, rührt aber nicht um. Die Sahne soll wie eine Wolke im Tee zergehen.

Das raue Nordseeklima lieferte Küsten- und Inselbewohnern schon immer einen guten Grund, auch Hochprozentigem zuzusprechen. Beliebt sind auch – besonders natürlich an kühlen Tagen – alkoholische Heißgetränke wie der Pharisäer, Kaffee mit Rum, oder Eiergrog: Rumgrog mit einem geschlagenen Eigelb.

ETWAS KUNST UND EDLE LABELS
Originelles und Trendiges sind auf den Inseln gleichermaßen zu finden

> Auf Norderney und Borkum können Sie viel Geld ausgeben. Zahlreiche Boutiquen, die alle angesagten Labels führen, laden da zum entspannten Shopping mit kurzen Wegen ein. Baltrum schont in dieser Hinsicht ihre Urlaubskasse. Auf den übrigen vier Inseln locken vor allem hier zeitweise lebende Künstler und Kunsthandwerker mit ihren selbst geschaffenen Werken und Produkten.

BERNSTEIN
Bernstein wird nicht nur an der Ostsee gefunden, sondern – allerdings weitaus seltener – auch an der Nordsee. Während und nach anhaltenden Ostwinden findet man das fossile „Gold des Meeres" vielleicht sogar selbst im dunklen Streifen des Braunkohlengrus am Spülsaum der Brandung. Wenn nicht, bieten fast alle Schmuckgeschäfte der Inseln auch Bernsteinschmuck an.

KERAMIK & GLAS
Keramik kann man auf allen Inseln kaufen. Auf Juist wird die Ware sogar selbst hergestellt. Dort schafft eine Glaskünstlerin auch moderne Glasobjekte in leuchtenden Farben.

KULINARIA
Sanddornprodukte gehören zu den typischen Souvenirs von den Inseln, ob als Bonbons, Marmeladen oder Likör. Weniger bekannt ist der Norderneyer Schinken. Die Schweine dafür wachsen zwar auf dem Festland auf, die Schinken aber werden in der salzigen Nordseeluft getrocknet.

KUNST
Mit Anselm Prester auf Langeoog und Monika Ploghöft auf Wangerooge arbeiten überregional bekannte Künstler auf den Inseln. Man kann ihre Werke direkt in ihren Ateliers erstehen.

MODE
Wer die aktuellen Trends namhafter Labels wie Otto Kern, Gerry Weber, Redgreen, Camel active und viele andere mehr sucht, kann einen ganzen Tag auf

> EINKAUFEN

Norderney in der Post-, Friedrichs- und Strandstraße verbringen. Im Umkreis von 300 m erhält man hier ein Sortiment, wie es sonst wohl nur Großstädte zu bieten haben. Aber selbst auf stillen Inseln wie Juist kann Mode-Shopping noch zum Erlebnis werden. Neben den großen Marken finden Sie aber auch Schönes unbekannterer Textildesigner wie auf Norderney beispielsweise prächtige, handbemalte Seidentücher.

SCHMUCK

Schmuck aus altem Silberbesteck bekommen Sie in der Silk-Art-Galerie auf Norderney. Anhänger in Langeoog-Form sind die Spezialität der Inselgoldschmiede auf Langeoog. Schmuck mit Inselbezug präsentiert auch das Inselstudio auf Wangerooge.

SPIRITUOSEN

Phantasievoll sind die Namen für die zahllosen Schnäpse und Liköre von der Küste. Das Angebot reicht vom *Watt'n Geist* (Weizenkorn) zum *Moorfeuer* (Halbbitterlikör), vom *Nordseegeist* (Genever mit Kräutern und Früchten) bis zum *Ostfriesischen Teelikör*. Eine Besonderheit ist der *Friesengeist,* den man brennend heiß auf einem Zinnlöffel nach dem Essen servieren sollte.

TEE & TEEZUBEHÖR

Wer einmal das Teetrinken in einer Ostfriesischen Teestube zelebriert hat, wird auch zu Hause gern ab und zu die Teebeutel in ihrer Verpackung lassen und auf losen Ostfriesentee zurückgreifen. Für den wahren Teegenuss finden Sie in Läden auf allen Inseln, was dazu nötig ist: die *Kluntjes* (also den Kandiszucker), den Sahnelöffel, das Stövchen zum Warmhalten und das feine, ostfriesische Teeservice aus hauchdünnem Porzellan.

TRÖDEL & ANTIKES

Für Antiquitäten jeder Größe ist Norderney die beste Adresse. Sammler alter Uhren finden hier mit Peter Huber einen ausgesprochenen Spezialisten.

28 | 29

> DAS DORNRÖSCHEN DER NORDSEE

Die kleinste der sieben Inseln können Sie in drei Stunden zu Fuß umrunden

> Nur 35 Minuten dauert die Überfahrt von Neßmersiel nach Baltrum [118 A–B 2–3]. Die Fähre kommt dabei dicht an der Ostspitze Norderneys vorbei, wo häufig Seehunde auf dem Sand liegen oder im Fahrwasser nach Fischen jagen.

Noch im 17. Jh. befand sich dort der Baltrumer Westkopf – aber wie alle Inseln wanderte auch die kleinste der Ostfriesischen Inseln im Lauf der Jahrhunderte nach Osten. Erst mit dem Beginn der Küstenschutzmaßnahmen im Jahr 1873 setzte man dieser ständigen Bewegung ein Ende.

Die 540 Baltrumer wohnen heute in zwei Siedlungen, die nahtlos ineinander übergehen: dem größeren West- und dem kleineren Ostdorf. Um 1890, als Baltrum nur 155 Einwohner zählte, standen im Westdorf 29, im Ostdorf 11 Häuser. Baltrums Straßen sind namenlos, die Häuser werden in der Reihenfolge ihrer Entstehung durchnummeriert.

Bild: Am Hafen von Baltrum

BALTRUM

Von den Häusern des 19. Jhs. sind nur noch wenige erhalten. Neubauten aus den letzten fünf Jahrzehnten bestimmen das Bild, aber auf Baltrum hat man Maß gehalten. Die Landebahn des Flugplatzes ist bescheidene 425 m lang. Hochhäuser, die die Landschaft verschandeln, gibt es nicht; selbst das Hallenbad ist harmonisch in die Dünenlandschaft eingefügt. Das ist ohnehin ein Merkmal des Westdorfs: Kleine Dünen bestimmen das Bodenprofil, die Häuser sind auf Dünen und in Dünentäler gebaut.

Mit einer Fläche von nur 6,5 km^2 ist Baltrum überschaubar. Die Straßen tragen keine Namen: Die Hausnummern werden chronologisch quer durch den Ort vergeben. Das abendliche Leben beschränkt sich auf wenige Lokale, und man trifft überall auf schon bekannte Gesichter. Für die Unterhaltung ihrer Gäste sorgen die Baltrumer selbst; mit einer singenden Gitarrengruppe, einem Shantychor und einem exzellenten Amateurtheater. Da merkt man, dass sie stolz sind auf die Insel, die sie selbst „das Dornröschen der Nordsee" nennen.

Der hölzerne Glockenturm der Alten Kirche ist das Wahrzeichen von Baltrum

SEHENSWERTES
ALTE KIRCHE
Das kleine Gotteshaus aus der Zeit um 1830 zeigt anschaulich, wie wenige Einwohner die Insel zu jener Zeit hatte. Aus dem Windfang können Sie durch die Glastür einen Blick in den ansprechend restaurierten Innenraum mit rotem Klinkerboden, blauen Bänken, weißen Wänden und blauer Decke werfen. Im Hof der Kirche hängt im hölzernen Glockenstuhl die Inselglocke, eine holländische Schiffsglocke, die vom Sturm an den Strand gespült wurde. Gleich neben der Kirche steht auch die alte Inselschule von 1888. *Haus 8, Westdorf; evangelische Andacht Mo und Fr 19.30 Uhr*

DÜNENTAL ★
Eine der schönsten Kleinlandschaften auf Baltrum ist das große Dünental, das sich etwa 1000 m lang und bis zu 300 m breit zwischen den Weißdünen im Norden und den Graudünen im Süden erstreckt. Teile der nur 1 m über dem Meeresspiegel gelegenen Talsohle stehen unter Wasser und werden von Schilf bedeckt. Andere typische Pflanzen für das Dünental sind Vogelbeere und Schwarzer Holunder, Grauweide, Sand- und Weißdorn. Die Wasserflächen sind Heimat vieler Kreuzkröten, die die Insulaner ihrer kraftvollen Frühjahrskonzerte wegen auch ganz romantisch „Baltrumer Nachtigallen" nennen. Man kann das Dünental auf mehreren Wegen in allen Richtungen durchwandern, den schönsten Überblick verschafft die ☼ *Aussichtsdüne* am Klärwerk.

KATHOLISCHE INSELKIRCHE ★
Das dem hl. Nikolaus geweihte Gotteshaus ist mit ausgezeichneten Werken moderner Glasmalerei geschmückt. Kern der 1956 erbauten Kirche ist ein überkuppelter Rundbau, dessen drei Kupfertüren sich zu einem kreissegmentförmigen Atrium

> *www.marcopolo.de/ostfrieslandinseln*

BALTRUM

öffnen. In den Umgängen des grasbewachsenen Innenhofs sind Stühle für sommerliche Veranstaltungen aufgestellt. Der Rundbau und die Umgänge sind reetgedeckt.

Der marmorne Altar in der „Winterkirche" hat die Form einer Muschel, Licht fällt durch vier farbige Glasfenster ein. Die Außenwände des Atriums sind seit 1957 mit 14 Glasfenstern aus der Werkstatt der nordrhein-westfälischen Künstlerin Margarete Franke geschmückt. Sie erzählen in eindrucksvoller Klarheit und mit kräftigen Farben Legenden aus dem Leben des hl. Nikolaus.

Ein sehr guter illustrierter Führer ist im örtlichen Buchhandel erhältlich. *Tagsüber frei zugänglich | Haus 34, Westdorf*

NATIONALPARK-INFORMATIONSZENTRUM

Im Gezeitenhaus Baltrum, einem der ersten Häuser am Weg vom Hafen ins Dorf, informiert die Nationalparkverwaltung anschaulich über biologische und ökologische Aspekte des Wattenmeers. Tot aufgefundene und anschließend präparierte Vögel und Seehunde wurden in Landschaftspanoramen eingefügt; in kleinen Aquarien ist lebende Meeresfauna zu sehen. Kindgerechte Videofilme informieren über die Inselwelt. Ein Teil des Obergeschosses wird als *Inselkammer* vom Heimatverein für

eine kleine Ausstellung genutzt, die einmal den Kern eines Heimatmuseums bilden könnte. *Di–Fr 10–12 und 15–19, Sa/So 15–19 Uhr | Eintritt frei | Haus 177, Westdorf*

■ ESSEN & TRINKEN ■
DA LUCIANO

Italienisches Restaurant im Ortszentrum mit besonders freundlichem Service. *Haus 24, Westdorf | Tel. 04939/91 09 74 | €*

TEESTUBE

Ostfriesentee, selbst gebackene Kuchen, Eis und Fleisch, Fisch, Salat und Nudelgerichte. Bei schönem Wetter sitzt man draußen auf der Terrasse. *Haus 149, Westdorf | Tel. 04939/600 | www.teestube-baltrum.de | €€*

WITTHUS AN'T BRÜG

Restaurant mit blumenreicher Terrasse. Nachmittags können Sie hier warmen Apfelstrudel mit heißer Vanillesoße und Eis oder Kartoffelkuchen ohne Mehl und Fett genießen. *Haus 137, Westdorf | Tel. 04939/99 00 00 | www.hotel-witthus.de | €€*

■ EINKAUFEN ■
TÖPFEREI BROOKMERLAND

In der kleinen Filiale einer ostfriesischen Töpferei werden u. a. Vasen, Teeservice, Kaffeebecher, Steinmännchen und Duftspender verkauft.

MARCO POLO HIGHLIGHTS

★ **Dünental**
Bei Wanderungen durch das Tal die „Baltrumer Nachtigall" belauschen (Seite 32)

★ **Katholische Inselkirche**
Moderne Glasfensterkunst für den Schutzheiligen aller Seefahrer (Seite 32)

Haus 57, Westdorf | www.toepferei-brookmerland.de

AM ABEND

KIEK RIN
Gemütliche Kellerkneipe und Disko an der Grenze zwischen West- und Ostdorf. *Tgl. ab 21, außerhalb der Hochsaison Do–Di ab 22 Uhr | Haus 123 | Tel. 04939/89 24*

KINO
Mehrmals wöchentlich werden in der Turnhalle aktuelle Filme gezeigt. *Haus des Gastes, Haus 112*

PUB L'OASY ▶▶
Insider Tipp
Zur Zeit angesagte Kellerkneipe vor allem für jüngeres Publikum, mit Tanzfläche und nur 34 Sitzplätzen. *Haus 24, Westdorf | Tel. 04939/91 09 74*

> LOW BUDGET

> Direkt am Anleger gleich neben dem Imbiss *Verhungernix* verkaufen die Zwillinge *Sarah und Tierza* an ihrem Stand von Mai bis Oktober täglich zwischen 9 und 18 Uhr ihren selbst gefertigten Schmuck. Preisgünstiger kann man auf der Insel handgemachte Souvenirs nicht erwerben.

> Wer seinen Fisch im Stehen isst, speist billiger. Und bei *Feldmanns Fisch-Ecke* zudem noch in einem Stehlokal mit Kultcharakter. Direkt unter der Aussichtsdüne werden in Haus 97 Fisch- und Bratfisch, Fischbrötchen und auch Räucherfisch aus der eigenen Räucherei angeboten.

STRANDCAFÉ ▶▶
Das Selbstbedienungsrestaurant verwandelt sich abends zur beliebtesten Kneipe der auf Baltrum lebenden jungen Leute; manchmal auch Livemusik und Tanz. *Haus 70 | Tel. 04939/200 | www.strandcafe-baltrum.de*

STURM-ECK ▶▶
Das Bier- und Weinlokal hat meist noch geöffnet, wenn woanders schon die Lichter ausgegangen sind. 40 Plätze am Tresen fördern die Kommunikation ebenso wie Pils, Alt und Kölsch vom Fass. *Mi–Mo 11–13 und 19 bis mindestens 24 Uhr, Nebensaison Di geschl. | Haus 7, Westdorf | Tel. 04939/239*

THEATER
Aufführungen der Inselbühne des Kultur- und Sportvereins finden meist mittwochs in der Turnhalle statt. Die Konzerte des Shantychors werden durch Aushang bekannt gegeben.

ÜBERNACHTEN

DÜNENSCHLÖSSCHEN
Eins der besten Hotels am Wattenmeer, mit Restaurant, Hallenschwimmbad und Sauna. *40 Zi. | Haus 48, Ostdorf | Tel. 04939/912 30 | Fax 91 23 13 | www.duenenschloesschen.de | €€€*

HAUS ANTJE
Pensionszimmer und Apartments mit kurmedizinischen Angeboten wie Massagen und Fangopackungen im Haus. *13 Zi., 14 Apts. | Haus 148, Westdorf | Tel. 04939/247 | Fax 13 29 | www.haus-antje-baltrum.de | €€*

BALTRUM

HAUS STÖRTEBEKER
Sehr preiswerte Nichtraucherpension. In einer gut ausgestatteten Küche können Sie selber kochen. *11 Zi. | Haus 167, Westdorf | Tel. 04939/ 295 | Fax 99 00 38 | www.stoertebeker-baltrum.de | €*

schaft, Rutschen, Wasserfall und künstlicher Felsgrotte, einem Wassergarten für die ganz Kleinen, Solarien, Fitness- und Kureinrichtungen, sowie Restaurant (€). *Saisonabhängige Öffnungszeiten | Haus 240, Westdorf*

Beachvolleyball: Begeisterte Mitspieler finden sich bei gutem Wetter schnell

STRANDHOTEL WIETJES
Direkt an der Strandpromenade mit schönem Blick übers Meer. Sauna und Solarium im Keller. Im Restaurant bekommen Sie auf Vorbestellung Inselwild. *30 Zi. | Haus 58, Westdorf | Tel. 04939/918 10 | Fax 91 81 91 | www.wietjes.de | €€*

FREIZEIT & SPORT
BADEPARADIES SINDBAD
Lichtdurchflutetes Meerwasserhallenbad mit Sauna- und Badeland-

AUSKUNFT
KURVERWALTUNG
Rathaus, Haus 130, 26572 Baltrum | Tel. 04939/800 | Fax 80 27 | www.baltrum.de

AUSFLUGSZIELE
Von Baltrum werden von verschiedenen Veranstaltern Tagesausflüge nach Juist, Langeoog, Norderney und Spiekeroog angeboten, gelegentlich auch Fahrten nach Helgoland via Norderney.

> KLEINSTADT INMITTEN DER WOGEN

Auf Deutschlands westlichster Nordseeinsel finden Sie viel Trubel und jede Menge Einsamkeit

 KARTE IM HINTEREN UMSCHLAG

> Borkum [116–117 B-E1-3] liegt weiter vom Festland entfernt als alle anderen Ostfriesischen Inseln. Die Überfahrt mit der Autofähre von Emden dauert etwa 135 Minuten, mit dem über 70 km/h schnellen Katamaran ist man immerhin eine Stunde unterwegs.

Vom Hafen führen eine Straße und die historische Inselbahn ins Zentrum des Inselstädtchens, das glücklicherweise weitgehend autofrei ist. Die Insulaner betrachten Autos nur als „fahrbare Koffer", die möglichst wenig bewegt werden sollten. Deshalb gibt es genug Leihfahrräder und Kutschen und sogar einen gut funktionierenden Linienbusverkehr.

In der Stadt *Borkum* im Westen der Insel leben fast alle 6560 Insulaner. Hier stehen auch die meisten der mehr als 18 000 Fremdenbetten. Außerordentliche Schönheit wird dem

Bild: am Strand von Borkum

BORKUM

ausgeuferten Ort niemand zusprechen wollen, doch abgesehen vom Großparkplatz am Innenstadtrand fallen nur wenige architektonische Fehlleistungen ins Auge. Die Stadt ist während der Saison lebhaft, aber nicht laut: Besonders die *Bismarck-* und die *Franz-Habich-Straße* laden zum Einkaufs- und Kneipenbummel ein. Von allen Ostfriesischen Inseln besitzt Borkum noch am ehesten Internationalität, denn die niederländische Hafenstadt Eemshaven ist nur eine Fährstunde entfernt. Romantiker zieht es vor allem zum *Ostland*, einem winzigen Dorf (bis hierher fährt der Bus), in dem die letzten beiden Inselbauern ihre Höfe haben. Dort kann man in zwei schönen Kaffeegärten die Landschaft genießen.

Übrigens feierte Borkum 1993 bereits sein 2000-jähriges Inseljubiläum, da ein römischer Schriftsteller im Jahr 7 v. Chr. eine Insel namens

Burchana ungefähr an der Stelle verzeichnete, wo heute Borkum liegt. Mit dem Lateinischen haben es die Börkmers ja schon lange gehalten. „Mediis tranquillus in undis" steht in ihrem Inselwappen: Geborgen inmitten der Wellen.

FEUERSCHIFF BORKUMRIFF ⭐ [117 D3]
Das 53 m lange, mit einem Leuchtfeuer ausgestattete Feuerschiff diente 1956–88 in der Emsmündung als Seezeichen, bevor alle Feuerschiffe durch Leuchttürme oder automatische Leuchttonnen ersetzt wurden.

Eine große Attraktion ist das Skelett eines 15 m langen Pottwals im Dykhus-Museum

■ SEHENSWERTES

ALTER LEUCHTTURM [U C3]
Der 1576 durch die Emder Kaufmannschaft finanzierte Leuchtturm dient den Schiffern in Verbindung mit Baken und dem Neuen Leuchtturm noch immer als Peilmarke. Am Fuß des Leuchtturms sind einige geschichtenreiche Grabsteine aus der Walfängerzeit erhalten. *Besteigung Mo, Mi, Sa 10.30–11.30 Uhr, Juli bis Sept. auch Fr (außer 1. Fr im Monat), Nov.–März nur Sa | Kirchstr.*

Sie können die „Borkumriff" samt Maschinenraum und Brücke besichtigen und erfahren dabei einiges über das Leben der einst 13-köpfigen Besatzung. *Osterferien bis Okt. Di–So Führungen 9.45, 10.45, 11.45, 13.45, 14.45 und 16.15, sonst Di, Do, Sa 14 und 15.30 Uhr | Schutzhafen | www. feuerschiffborkumriff.de*

GREUNE STEE [U E–F6]
Ein Rundwanderweg führt durch dieses schönste und größte Wäldchen

> www.marcopolo.de/ostfrieslandinseln

BORKUM

der Insel. In der Greunen Stee (Grüne Stelle) wachsen Kiefern, Birken und Schwarzerlen in einer sumpfigen Mulde, die um 1815 durch einen Meereseinbruch entstand. Darin laichen Lurche und Kreuzkröten, brüten Korn- und Rohrweihen. Beginn des Wanderwegs, von dem nicht abgewichen werden darf, an der *Deichscharte* und am *Greune-Stee-Weg*. Es gibt auch geführte Wanderungen.

HEIMATMUSEUM DYKHUS ⭐ [U C3–4]
Die heimatkundliche Sammlung Borkums ist in einem für Ostfriesland typischen Gulfhaus untergebracht, das auf einer Warft nahe dem Deich steht. Charakteristisch für ein Gulfhaus ist das gemeinsame Dach für Wohnräume, Stall und Scheune.

Die einstigen Wohnräume sind mit historischen Möbeln, land- und hauswirtschaftlichen Geräten eingerichtet. Auch eine Ausstellung zur Geschichte der Borkumer Walfänger und ein 15 m langes Pottwalskelett sind zu sehen. Hier erfahren Sie z. B., dass die Walfänger des 18. Jhs. goldene Ohrringe trugen. Damals sicherten sie dem Seemann notfalls in der Fremde ein christliches Begräbnis. *Di–So 10–12 und 15–17 Uhr;*

Führung Mi 17 Uhr | Roelof-Gerritz-Meyer-Straße am Alten Leuchtturm

INSELBAHN [116–117 B–D2–3]
Zwischen Fährhafen und Stadtzentrum verkehrt schon seit 1888 eine Inselbahn, die für die durchgehend zweigleisig ausgebaute Strecke 17 Minuten Fahrzeit benötigt. Für militärische Zwecke wurde das Schienennetz ab 1902 ständig erweitert und erreichte im Zweiten Weltkrieg eine Länge von 45 km; nach Kriegsende mussten alle Schienen, außer denen vom Hafen zum Ort Borkum, abgebaut werden. Im Linienverkehr werden die schicken Nostalgiewaggons von Dieselloks gezogen, die mit Rapsöl betrieben werden; oft gibt es Sonderfahrten mit historischer Dampflok oder einem Triebwagen aus den 1950er-Jahren.

MARITIME SKULPTUREN [U B5] Insider Tipp
Sechs polnische Künstler schufen 2003 an verschiedenen Stellen in der Stadt bis zu sechs Meter hohe Kunstwerke aus Pappelholz, darunter Seejungfrau, Seepferdchen und Delphine. Besonders beliebt: ein Seehund zum Anfassen an der Strandpromenade über der Wandelhalle.

MARCO POLO HIGHLIGHTS

⭐ **Feuerschiff Borkumriff**
Erfahren, wie hart das Berufsleben bei Wind und Wetter sein konnte (Seite 38)

⭐ **Heimatmuseum Dykhus**
Beeindruckendes aus der Vergangenheit der Insel in einem alten Bauernhaus (Seite 39)

⭐ **Fischerkate**
Das einzige reine Fischrestaurant (Seite 41)

⭐ **FKK-Strand/Strandsauna**
Nackt in den Dünen schwitzen (Seite 43)

⭐ **Gezeitenland**
Wellenreiten und Wellness (Seite 43)

38 | 39

Kostenlose Info-Broschüre bei der Kurverwaltung

NEUER LEUCHTTURM ☼ [U B3]
Eine Wendeltreppe mit 308 Stufen führt auf den 60 m hohen Turm hinauf, dessen Leuchtfeuer noch in 38 km Entfernung zu sehen ist. *Tgl. 10 bis 11.30 und 15–17.30 Uhr, Mo, Mi, Fr, Sa auch 19–21 Uhr | Strandstr.*

TÜSKENDÖRSEE [116 C1–2]
Der See steht unter Naturschutz. Er entstand erst im 20. Jh. durch Sandentnahme für die Deicherhöhung und liegt auf dem Tüskendörheller, der bis zum Deichbau 1864 öfter überflutet wurde und dann die Insel in zwei Teile teilte. So erklärt sich auch der Name: *Tüskendör* bedeutet auf Platt „zwischendurch". Mit dem Feldstecher kann man die Vogelwelt beobachten ohne zu stören. Zu ihrem Schutz ist das Betreten der Uferzonen verboten! Es werden aber geführte Wanderungen angeboten.

WALFISCHZAUN [U C3] Insi Tip
Der schönste noch erhaltene Zaun aus den teilweise 2 m hohen Kieferknochen von Walen säumt die Kirchstraße am Pfarrhaus. Hier stand im 18. Jh. das Haus des erfolgreichen Walfangkommandeurs Roelof Gerritz Meyer (1710–97), der in den 44 Jahren, die er zur See fuhr, rund 270 Wale gefangen hat. *Frei zugänglich*

WATERDELLE [U E–F1]
Die unter Naturschutz stehende „Wassermulde" war Teil des Meeresdurchbruchs, der den Westen vom Osten Borkums bis 1864 trennte. Gepflasterte Wanderwege erschließen das 870 000 m^2 große Areal mit seltenen Pflanzen und vielen Brutvogelarten. Ein flacher See trocknet jeden Sommer aus und ist dann nur noch an seinem Schilfgürtel zu erkennen. Die Waterdelle ist neben dem Ostland das zweite Grundwassergewinnungsgebiet der Insel.

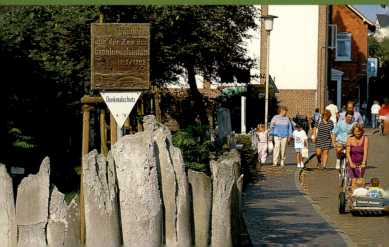

Zäune als Trophäen mutiger Seemänner, errichtet aus den Kieferknochen erlegter Wale

ESSEN & TRINKEN

BAUERNSTÜBCHEN [116 C1]

Café und Restaurant mit gutbürgerlicher Küche, durch kleinen Streichelzoo und Spielplatz besonders gut für Familien geeignet. *Ostland 3 | Tel. 04922/35 04 | www.bauernstuben-borkum.com* | €€

DELFTER STUBEN UND FISCHERDORF [U B4]

Erste Adresse für Fisch. Der hintere Restaurantteil ist wie ein kleines Fischerdorf gestaltet. *Bismarckstr. 6 | Tel. 04922/20 11* | €€

FISCHERKATE ★ [U D1]

Einziges Restaurant der Insel, in dem nur frischer Fisch und Meeresfrüchte serviert werden. Zu den Kreationen gehören Carpaccio vom Seeteufel und Sülze vom Räucherfisch. *Hindenburgstr. 99 (Bushaltestelle BfA-Klinik) | Tel. 04922/27 44 | www.fischerkate-borkum.de* | €€€

Insider Tipp **HEIMLICHE LIEBE** [U B6]

Maritim eingerichtetes Restaurant in einzigartiger Lage am Nordrand des Südstrands, Panoramablick, ideal zum Sonnenuntergang. *Süderstr. 91 | Tel. 04922/929 50 | www.heimliche-liebe-borkum.de* | €€

MATRIX ▶▶ [U A3]

Modernes Bistro, Café und Bar in der Wandelhalle mit Panoramascheiben zum Meer. *Bürgermeister-Kiviet-Promenade | Tel. 04922/7826 | www.matrixborkum.de* | €

Insider Tipp **STRANDBUDEN** [U A3–4]

Eine liebenswerte Eigenart Borkums sind die direkt auf den Strand gestellten Buden westlich und östlich der Wandelhalle, auf deren windgeschützten Terrassen man tagsüber preiswert essen und trinken kann: u.a. hausgemachte Eintöpfe, Milchreisgerichte, Frikadellen und Würstchen. *An der Kurpromenade* | €

TEESTÜBCHEN [U B4] Insider Tipp

Hier geht es ostfriesisch-gemütlich zu: Teekultur mit selbst gebackenem Kuchen. *Bahnhofspfad 3 | Tel. 04922/99 01 62* | €

UPHOLM-HOF [U E2–3]

Das originelle Restaurant liegt auf zwei Ebenen in einer ehemaligen Scheune; draußen locken ein Biergarten mit Grillhütte und ein Spielplatz für die Kinder. *Upholmstr. 44–45 | Tel. 04922/41 76* | €€

EINKAUFEN

ATELIER AM MEER [U A3] Insider Tipp

Galerie mit Werken norddeutscher Künstler und der Inhaberin Nicole Wenning – zugleich Kinderbuchautorin – im südlichen Teil der Wandelhalle. Auch Malkurse für Erwachsene und Kinder. *Jann-Berghaus-Str. 1*

HARALD HARRER [U A3]

Künstlerische Glasobjekte aus der eigenen Glasbläserei. *Ende Weihnachtsferien–Anfang Osterferien geschl. | Strandstr. 47*

WINDY ▶▶ [U A4]

Ein Laden, der sich ganz auf Drachen spezialisiert hat – samt Literatur und Reparaturservice. Sehr freundliches und kompetentes Personal. *Bismarckstr. 43–45*

AM ABEND

KULTURINSEL [U A4]

Hier finden Konzerte, Ausstellungen, Lesungen und Theater statt und sind Inselkino und Inselbücherei angesiedelt. *Goethestr. 25 | Tel. 01805/ 80 77 90 | Kinoprogramm Tel. 04922/91 81 21*

SEEKISTE [U B4]

Urige Kneipe mit moderaten Preisen, ideal für ein gemütliches Feierabendbier. Der Wirt, unter Insulanern als „Butzi" bekannt, hält auch so manchen persönlichen Tipp für gute Gäste bereit. Auch tagsüber ab 10 Uhr geöffnet. *Bismarckstr. 3*

Ein Haus mit dem Charme vergangener Zeiten: das Nordsee-Hotel direkt an der Strandpromenade

MUSIKLOKALE ▶▶

Abends sind auf Borkum zwei Kellerlokale angesagt. In die *Strandschlucht* [U B3] *(Gorch-Fock-Str. 8)* gehen all diejenigen, die auch gern mal nach deutschen Schlagern tanzen. In der *Kajüte* [U B4] *(Bismarckstr. 6)* ist das Publikum jünger, hier treffen sich auch viele Einheimische. Bullaugen an den Kellerwänden vermitteln Ihnen das Gefühl, auf See zu sein.

ÜBERNACHTEN

NORDSEE-HOTEL [U A3]

Traditionsreiches Haus an der Strandpromenade nahe am Stadtzentrum mit Bade- und Kurbetrieb. *96 Zi. | Bubertstr. 9 | Tel. 04922/30 83 08 | Fax 30 81 13 | www.nordseehotel borkum.de | €€*

OSTFRIESENHOF [U A4]

Moderne Zimmer hinter einer denkmalgeschützten Gründerzeitfassade

> www.marcopolo.de/ostfrieslandinseln

BORKUM

direkt an der Strandpromenade; sehr gute, kreative Küche im Hotelrestaurant. *34 Zi. | Jann-Berghaus-Str. 23 | Tel. 04922/70 70 | Fax 31 33 | www. ostfriesenhof.de | €€€*

SEESTERN   [U B4]

Zeitgemäße Apartments für 2–8 Personen in einem historischen, viergeschossigen Haus am Rand der Fußgängerzone, 800 m vom Strand entfernt. *16 Apts. | Franz-Habich-Str. 2 | Tel. 04922/912 50 | Fax 91 25 25 | www.seestern-borkum.de | €*

STRANDHOTEL VIER
JAHRESZEITEN ∿   [U A3–4]

Modernes Hotel im Zentrum mit Hallenbad, Sauna und Fitnessraum sowie einem Restaurant. Luxus pur: Suite 415. *60 Zi. | Bismarckstr. 40 | Tel. 04922/92 20 | Fax 41 89 | www. strand-hotel.com | €€€*

VILLA WESTSTRAND ∿   [U B4]

Familiär geführtes Hotel, WLAN und Premiere kostenlos in jedem Zimmer, Nichtraucher- und Allergikeretage, ab eine Woche Aufenthalt kostenloses Mietfahrrad. *19 Zi. | Bismarckstr. 38 | Tel. 04922/939 70 | Fax 93 97 15 | www.villa-weststrand.de | €*

■ FREIZEIT & SPORT

FKK-STRAND/
STRANDSAUNA ★   [116 C1]

Einzigartig: Hier können Sie nicht nur am Strand, sondern auch in Teilen der Dünen liegen und von der Strandsauna aus in die Nordsee tauchen. *Sauna April–Okt. So–Di und Do 11–17, Mi, Fr und Sa 11–20 Uhr | www.strandsauna-borkum.de*

GEZEITENLAND ★   [U A4]

Spaß und Wellness drinnen und draußen mit ☀ Panoramasauna. Eine einzigartige Attraktion ist hier die Möglichkeit zum *Flowriden* à la Hawaii. *Saisonabhängige Öffnungszeiten | Goethestr. 27 | Tel. 04922/ 93 36 00 | www.gezeitenland.de*

■ AUSKUNFT

TOURIST INFORMATION UND
ZIMMERVERMITTLUNG   [U B3]

Am Georg-Schütte-Platz 5, 26757 Borkum | Tel. 04922/93 30 | Fax 93 31 04 | www.borkum.de

■ AUSFLUGSZIEL

GRONINGEN   [U A12]

Insider Tipp

Der Wochenmarkt der holländischen Provinzhauptstadt ist in der Hauptsaison jeden Samstag Ziel einer Ausflugsfahrt mit Bus und Schiff *(23 Euro).*

>LOW BUDGET

> Das *Lord Nelson* lädt häufig zur Happy Hour ein und lässt sich auch ungewöhnliche Angebote einfallen: So gab's schon mal zum Verzehr im Pub ein Sixpack Bier für 9,99 Euro. *Bismarckstr. 28 | www.lord-nelson-pub.de*

> ▶▶ ∿ *Insel-Camping,* der mehrfach ausgezeichnete Zeltplatz Borkums, vermietet auch vollständig eingerichtete Wohnwagen mit Kochzeile. Nur Bettwäsche muss mitgebracht werden. Pro Woche zahlen zwei Erwachsene z.B. im Juni 274 Euro (exkl. Gas und Strom). *Hindenburgstr. 114 | Tel. 04922/10 88 | Fax 42 034 | www. insel-camping-borkum.de*

> INSEL DER PFERDEKUTSCHEN

„Juist for Fun" ist das junge Motto der feinen, ruhigen Insel ohne Bausünden

> Juist [116–117 A–F4] steckt voller Besonderheiten. Das wird schon bei der Anreise deutlich. Das Schiff fährt zunächst dicht an die Ostspitze der Insel heran, entfernt sich wieder vom Ufer und beschreibt 45 Minuten lang einen großen Bogen bis zur Hafeneinfahrt.

Vom Hafen sind es dann nur wenige Schritte bis ins Hauptdorf *Juist,* denn die Insel ist extrem schmal (durchschnittlich 500 m breit), dafür aber mit 17 km die längste aller Ostfriesischen Inseln. Im weitgehend modernen Ort stehen zwar mehrere drei- und viergeschossige Häuser; da sie aber wie die übrigen Bauten aus rotem Klinker und nicht zu wuchtig sind, ist der Gesamteindruck sehr harmonisch. Anders als auf den meisten Inseln liegt auf Juist (1700 Ew.) das Hauptdorf in der Mitte statt im Westen der Insel, denn sie hat sich nicht nach Osten verlagert, da ihre natürliche Beschaffenheit sie vor

Bild: Kurhaus von Juist

JUIST

starker Sandabtragung schützt. Deshalb kommt Juist als einziges der Eilande ohne Buhnen aus.

Folgt man der wattseitigen Uferstraße gen Westen, gelangt man ins zweite, sehr viel kleinere und ruhigere Juister Dorf, ins *Loog.* Das niederdeutsche Wort bedeutet einfach Dorf und weist darauf hin, dass es früher der Hauptort der Insel war, während die heutige „Metropole" Ostdorf hieß. Etwas vom alten Stolz hat sich das Loog erhalten: Auf Initiative seiner Bewohner besitzt es ein eigenes *Haus des Gastes* mit Lese-, Kinderspiel-, Fernseh-, Tischtennis- und Veranstaltungsraum.

Juist hat noch mehr Besonderheiten: Westlich des Loogs liegt der größte Süßwassersee der Ostfriesischen Inseln; Tagestouristen sieht man des Tidenfahrplans wegen höchstens alle 14 Tage. Auf diese Tatsache verweisen die Juister

Aufgrund eines Dünendurchbruchs entstand der größte Süßwassersee der Inseln: Hammersee

ebenso gern wie auf die „Skyline" von Norderney. Dass Bausünden auf Juist nicht vorkommen, empfinden viele als ein Argument für einen Urlaub auf Juist.

■ SEHENSWERTES
BILL UND BILLRIFF [116 A–C4]
Bill und Billriff nehmen zusammen mit den Haakdünen den Westen der Insel ein. Vom Hammersee aus kann man an einer Aussichtsdüne vorbei durch das Billwäldchen wandern, das in den feuchten Dünentälern angepflanzt wurde. Es besteht weitgehend aus Faulbäumen, Moorbirken, Kriechweiden und Schwarzerlen. Der Weg führt an der Domäne Bill vorbei – einst Bauernhof, jetzt Gaststätte – und dann auf dem Deich auf einen Geräteschuppen zu, in dem früher ein Rettungsboot stationiert war. Links liegt der Heller, rechts der grünere Polder. Wo der Fahrweg endet, kann man am Südrand der Haakdünen entlang auf das ✼ Billriff gehen, das am Spülsaum umrundet wird. Dabei hat man schöne Blicke auf die Seehundsbänke und die für Besucher gesperrte Vogelschutzinsel Memmert. Über das Riff verläuft eine Pipeline, durch die seit 1975 Erdgas aus norwegischen Bohrfeldern in der Nordsee (nördlich der Doggerbank) nach Emden geleitet wird.

EVANGELISCHE KIRCHE [117 D4]
Das 1964 erbaute evangelische Gotteshaus besitzt eine Kanzel aus dem Jahr 1732, die aus einer heute nicht mehr erhaltenen Kirche im Loog stammt. Das Mosaik über dem Altar zeigt Petri Fischzug und wurde von den Juister Schulkindern in zweijähriger Arbeit aus über 36 000 gefärbten Glasstückchen gefertigt. *Geöffnet nur zu Gottesdiensten und Veranstaltungen | Warmbadstr.*

GOLDFISCHTEICH [117 D4]
Eine der reizvollsten Insellandschaften zum Spazierengehen in Ortsnähe ist der sogenannte Goldfischteich. Der künstliche Wasserlauf mit seinen winzigen Inselchen wurde 1903 bis 1904 von Naturenthusiasten angelegt

> *www.marcopolo.de/ostfrieslandinseln*

JUIST

und nach militärischer Nutzung im Zweiten Weltkrieg wiederhergestellt. Er ist von einem kleinen Wäldchen aus Pappeln, Birken, Sanddorn, Zwergkiefern und Holunder umgeben und lädt mit Bänken zur Rast ein.

HAMMERSEE ★ 🌿 [116 C4]

Einer der schönsten Spaziergänge auf Juist führt 3,5 km lang um den Hammersee, den größten Süßwassersee der Ostfriesischen Inseln. Er ist in ein weites Tal zwischen bewegte Dünenkämme eingebettet, von dichten Röhrichtbeständen gesäumt und von üppigem Grün umgeben. Ein schmaler, windungsreicher Pfad führt zwischen Kriechweiden, Sanddorn, Holunder und anderen kaum mannshohen Bäumen und Büschen hindurch um seine Ufer herum und erklimmt im Norden die halbe Höhe der Dünenkette – Wanderern weite Ausblicke über die wildromantische Landschaft bietend.

Der Hammersee ist 160 000 m² groß, 1,2 km lang, bis zu 130 m breit und 90 cm tief. Er steht schon seit 1952 unter Naturschutz und ist Rastplatz für viele Vögel wie Rallen, Haubentaucher, Enten und Laichgebiet der Kreuzkröte. Sein Name weist darauf hin, dass er die Fläche des ehemaligen *Hammrichs,* also der dörflichen Gemeindewiese, bedeckt. Bei der schweren Petriflut 1651 brach das Meer durch die Dünenkette und verwandelte den Hammrich in eine weite Sandfläche, die immer niedriger wurde. Um 1800 hatten sich dann auf dem Hammer bis zum Wattenmeer reichende Rinnen gebildet, die sich bei jeder Springflut mit Salzwasser füllten. Das Hammergat war entstanden, das Juist zweiteilte.

1877 wurde dieses Hammergat durch einen Deichbau im Süden erstmals geschlossen. So bildete sich im Lauf der folgenden Jahrzehnte eine ausgedehnte Strandbucht, die bei Niedrigwasser durch einen Sandstreifen vom offenen Meer getrennt war. Diese Öffnung zur Nordsee hin wurde dann 1928–32 durch die Anlage eines 1,6 km langen Sanddamms geschlossen. In den 1940er-Jahren war das Wasser im Hammersee noch brackig; seitdem süßte der See völlig aus. Entlang des nördlichen und südlichen Deichs haben sich dichte Dünenketten gebildet.

Die Natur erobert die Landschaft neu; im Westen des Sees entsteht sogar ein Flachmoor; Moosglöckchen, Sumpfherzblatt, Kammfarn und Or-

MARCO POLO HIGHLIGHTS

★ Hammersee
Umwandern Sie den größten Süßwassersee der Ostfriesischen Inseln (Seite 47)

★ Küstenmuseum
Interessante Informationen über Natur, Inselgeschichte und Küstenschutz (Seite 49)

★ Seebrücke
Die neue Seebrücke holt den Golfstaat Dubai ans Wattenmeer (Seite 49)

★ Skulpturen
Bildhauerkunst, die Spaß macht und auf diese Insel passt (Seite 49)

chideen gedeihen. Den Hammersee kann man nur zu Fuß umrunden. Fahrräder müssen im Loog oder an der Billstraße geparkt werden. Einmal wöchentlich finden Naturführungen statt, die am Küstenmuseum im Loog beginnen. *Auskunft Küstenmuseum | Tel. 04935/14 88*

beginnt und an einer Informationstafel an der Nordküste endet. Zwischen April und Oktober ist das Betreten nur im Rahmen von regelmäßig angebotenen Führungen erlaubt!

Der Kalfamer ist nämlich ein Gebiet, in dem sich die Entstehung von Dünen hervorragend und vom Men-

Als museales Seezeichen leuchtet das Memmertfeuer statt übers Wasser über die Insel

KALFAMER [117 F4]
Die Straße in den Osten der Insel endet am Rand des Flugplatzes. Von dort aus geht es nur noch zu Fuß weiter. Schon nach wenigen Minuten gelangen Sie an einen Informationsstand der Nationalparkverwaltung am Rand des äußersten Ostendes der Insel, Kalfamer genannt. Der Kalfamer darf nur zwischen November und März und auch dann nur auf dem deutlich erkennbaren Weg betreten werden, der am Informationsstand

schen noch weitgehend ungestört wissenschaftlich beobachten lässt. Hier brüten und rasten zahlreiche Vögel, unter anderem die vom Aussterben bedrohten Zwergseeschwalben. Wer den Kalfamer zur Brutzeit betritt, gefährdet ihre Existenz!

KATHOLISCHE KIRCHE
ZU DEN HL. SCHUTZENGELN [117 D4]
Schöne Glasfenster lohnen den Besuch der 1910 geweihten und 1960/61 um ein Halbrund im Westen er-

> *www.marcopolo.de/ostfrieslandinseln*

JUIST

weiterten katholischen Inselkirche. Die beiden Fenster in der Apsis stammen aus dem Jahr 1910 und zeigen links einen heiligen Schutzengel und rechts den Beschützer der Seeleute, den hl. Nikolaus. Die 1960/61 geschaffenen sieben Fenster im Rundbau symbolisieren die sieben Sakramente. Das Fresko an der linken Seitenwand der Apsis entstand in den 1920er-Jahren. Es zeigt den hl. Ludger als Verkünder des Christentums auf der Insel Bant. *Tagsüber geöffnet | Dünenstr. 16*

KÜSTENMUSEUM ⭐ [116 C4]

In dem für Inselverhältnisse mit 500 m² Ausstellungsfläche relativ großen Museum werden die Inselgeschichte und ihre Natur, der Küstenschutz und das Rettungswesen dokumentiert. Dank guter schriftlicher Erklärungen erhalten Sie einen Einblick in die Erdöl- und Erdgasbohrungen in der Nordsee und können in der *Friesenstube* sehen, wie man im letzten Jahrhundert auf der Insel wohnte. Jährlich wechselnde Kunstausstellungen runden den Besuch ab. *Osterferien–Herbstferien Di–Fr 9.30–13 und 14.30–17, Sa 9.30–14, So 14.30 bis 17, im Winter Di und Sa 14–17 Uhr | im Loog, Loogster Pad 21*

MEMMERTFEUER ❄ [117 D4]

Juist besaß ursprünglich im Gegensatz zu seinen Nachbarinseln Borkum und Norderney keinen Leuchtturm. Umso stolzer ist man auf das Memmertfeuer, das 1992 zum ersten Mal im 13-Sekundentakt sein Licht erstrahlen ließ. Es ist allerdings keine nautische Notwendigkeit, sondern ein Museumsstück. Das Laternenhaus

aus dem Jahr 1939 wurde 1986 vom stillgelegten Leuchtturm auf der Vogelschutzinsel Memmert demontiert, lagerte in Emden und wurde schließlich vom Juister Heimatverein erworben. Der Turm selbst ist ein Neubau, errichtet mit Spenden von Insulanern und Gästen. *Inselhafen*

NATIONALPARKHAUS JUIST [117 D4]

Hauptattraktion der kleinen Ausstellung ist das 9 m lange und 280 kg schwere Skelett eines Zwergwals, der hier auf Juist angeschwemmt wurde. *April–Okt. Di–Fr 9.30–12.30 und 15–18, Sa/So nur 15–18, Nov. bis März Mi 15–18 Uhr | Eintritt frei | im Alten Inselbahnhof, Am Kurplatz*

SEEBRÜCKE ⭐ [117 D4]

Seit 2008 hat Juist ein neues Wahrzeichen: eine 16,5 m hohe Konstruktion aus vier schweren Stahlstützen, die mit ihrem Holz- und Stahlbehang an ein Segel erinnern soll. Unweigerlich erinnert der Anblick aber an das berühmte Hotel Borj el Arab im Golfstaat Dubai. Das begehbare Seezeichen steht gegenüber dem Fähranleger am Ende der neuen, 335 m langen Seebrücke, die die stark erweiterte Marina von Juist umfasst.

SIEBTER LÄNGENGRAD [117 D4]

Durch Juist verläuft der 7. Längengrad östlich von Greenwich. Auf der Strandpromenade zwischen Hotel Kurhaus und Diskothek Zappel sowie auf der Seebrücke ist er in Bronze markiert.

SKULPTUREN ⭐ [117 D4]

Vier kleine Skulpturen von Wolfgang Lamscheé zeigen Badegästen schon an der Strandstraße zwischen dem Hotel Pabst und dem Hotel Kurhaus, worauf sie sich freuen können: Erst steht ein Mann in Badehose auf dem Sand, Skulptur Zwei und Drei zeigen Stationen seines Wegs ins Wasser, und die Skulptur Vier lässt nur noch seinen Kopf aus dem Meerwasser ragen. Ebenso liebenswert ist die 2004 vor dem alten Warmbad *(Friesenstr. 18)* aufgestellte Bronzeplastik von Karl Ludwig Böke, die man auch die „Venus von Juist" nennen könnte: Ein nacktes junges Mädchen hält unter Aufsicht einer alten Badefrau vorsichtig einen Fuß ins Meer.

WASSERTURM   [117 D4]

In Ermangelung eines Leuchtturms ist der fast 17 m hohe Wasserturm auf den Dünen nahe des Kurzentrum in Juist zu einer Art Wahrzeichen der Insel geworden. Er wurde 1927 gebaut, um den durch steigende Urlau-

berzahlen verstärkten Wasserbedarf decken zu können. Der von den Einheimischen auch als „Doornkaatbuddel" bezeichnete Turm trägt in 30 m Höhe ein etwa 250 m³ fassendes Vorratsbecken, das die übrigen Reinwasserspeicher von Juist ergänzt, und aus dem alle Haushalte der Insel mit Wasser versorgt werden. *Nur Außenbesichtigung möglich | Strandpromenade*

▆▆ESSEN & TRINKEN▆▆

DOMÄNE BILL   [116 B4]

Friesisch eingerichtetes Ausflugslokal vor dem Billriff mit Selbstbedienung. Neben Eintopfgerichten, belegten Broten und Milchreis wird als Spezialität Rosinenstuten mit Butter geboten. *Mi geschl. | Tel. 04935/ 12 12 | €*

DOMÄNE LOOG   [116 C4]

Restaurant am westlichen Ortsrand des Loogs. Zwei besondere Spezialitäten gibt es nur auf Vorbestellung: gefülltes Deichlamm und gefüllte Flugente. *Do geschl. | Tel. 04935/ 12 50 | €*

HACIENDA   [117 D4]

Mexikanisches Steakrestaurant, von Italienern betrieben. *Hellerstr. 1 | Tel. 04935/92 14 92 | €€*

KOMPASS   [117 D4]

Inside Tip

Ehemalige Bahnhofsgaststätte mit großer Sonnenterrasse und gutbürgerlicher Küche, seit vier Generationen in Familienbesitz. Insulanerstammtisch, meist zwei Portionsgrößen zur Auswahl, Mittagstisch. *Im Winter Sa/So geschl. | Carl-Stegmann-Str. 5 | Tel. 04935/10 97 | €*

>LOW BUDGET

> Nach Strandtag oder -wanderung wird der erste Hunger preiswert im Fischimbiss *Matjes & Co.* gestillt. Danach ist der Durst an der Reihe: Zwischen 17 und 18 Uhr gibt es das große Bier im *Köbes* gleich nebenan zum Preis vom kleinen und den Piccolo für die Damen zum halben Preis. *Strandstr. 12*

> Für den großen Fischhunger ist das *Hafenrestaurant* am Fähranleger die beste Adresse. Da kann man häufig zu Kartoffeln und Salat so viele Grüne Heringe essen, wie man mag – zum Festpreis von 10,99 Euro. *Do geschl. | Tel. 04935/13 63*

JUIST

LÜTJE TEEHUUS [117 D4]
Liebevoll restauriertes Haus von 1802 im Januspark, in dem Ihnen hausgemachte Kuchen, Waffeln und diverse Speisen serviert werden. *Dünenstr. 2 | Tel. 04935/84 02 | www.juist-gastronomie.de | €–€€*

Riesenschirm. Nur Café und Bar. *Tel. 04935/80 54 83*

WILHELMSHÖHE [117 E4]
Ausflugslokal im Osten der Insel auf einer Düne. Von der Südterrasse blickt man aufs Watt, drinnen durch einen Düneneinschnitt auf die Nordsee. Auf der Karte stehen kleine Gerichte, Kaffee und Kuchen. *Sept. bis Juni Di geschl. | Flugplatzstr. 21 | Tel. 04935/249 | €*

Manche Gäste kommen mit der Pferdekutsche in die Schank- und Speisewirtschaft Kompass

RÜDIGER'S [117 D4]
Modern gestyltes, sehr gutes Restaurant mit Sonnenterrasse im Hotel Pabst direkt an den Dünen. *Strandstr. 15 | Tel. 04935/80 50 | www.hotelpabst.de | €€€*

SCHIRMBAR ▶▶ [117 D4]
Den ganzen Tag über *der* Treffpunkt an der Hauptstrandpromenade. Bei gutem Wetter sitzt man unter freiem Himmel, bei Regen öffnet sich automatisch binnen einer Minute ein

EINKAUFEN

ART-HUS EDELSCHMIEDE [117 D4]
Der Gold- und Silberschmuck wird im Laden selbst hergestellt. Muscheln und Seepferdchen dienen als Inspiration für Anhänger, Ohrringe und Manschettenknöpfe. *Strandstr. 17*

FLAIR AM MEER ▶▶ [117 D4]

Erlebnis-Shopping ist in dieser Boutique angesagt, die legere Outfits bekannter Edellabels präsentiert. Wer Bedenkzeit braucht, nimmt sie sich in einem der Liegestühle vor der Tür und lässt sich dazu ein Gläschen Champagner bringen. *Wilhelmstr. 114 | www.strandrausch.de*

INSELGOLDSCHMIEDE [117 D4]

Goldschmied Ulrich Löhmann kreiert in seinem Ladenatelier ostfriesischen Filigranschmuck aus Silber und aus Gold. *Gräfin-Theda-Str. 1*

INSELTÖPFEREI [117 D4]

Im Laden steht die Drehscheibe, von der alle ausgestellten Produkte stammen – darunter sind originelle Teedosen und verschiedene Teebecher mit einem passenden Stövchen. *Gräfin-Theda-Str. 1*

NIKE GLASATELIER [117 D4]

Insider Tipp

Dagmar Kiesewetter fertigt im 1806 gebauten Insulanerhaus „Siebje" am Rande des Janusparks Glasobjekte und Glasschmuckunikate in fröhlichen Farben. Teils kombiniert sie auch Glas mit Blattgold. *Friesenstr. 19*

KEES UN BOTTERFATT [117 D4]

Insider Tipp

Käsehandlung eines ehemaligen Schiffsoffiziers und seiner lange im Käsemarketing tätigen Frau mit großer Auswahl. Hier bekommen Sie unter anderem ostfriesischen Ziegenkäse sowie lose französische Ziegenbutter und selbst angesetzte Dickmilch mit Früchten. Außerdem können Sie hier auch Raclettegeräte und Fonduetöpfe ausleihen. *Strandstr. 20*

SÜSSE SACHEN [117 D4]

Konfiserie und alkoholische Spezialitäten. Der hausgemachte Nougatbruch (24 Euro/kg) ist besonders zu empfehlen. *Strandstr. 10*

■ AM ABEND

CAFÉ DEL MAR ▶▶ [117 D4]

Cocktails, Tapas und Musik direkt auf der Strandpromenade. *Mo–Sa ab 18 Uhr | Strandpromenade 7*

INSEL-LICHTSPIELE [117 D4]

Das geräumige Verzehrkino zeigt täglich aktuelle Filme. *Friesenstr. 24*

SPELUNKE ▶▶ [117 D4]

Insider Tipp

Moderne Kellerbar mit dem längsten Tresen auf Juist und der urigsten Ein-

---

▶ BLOGS & PODCASTS
Tagebücher und Files im Internet

▶ *www.ostfriesenblog.de* – Blogs mit Niveau zu Themen rund um Sport, Kultur, Szene und Gesellschaft. Hilfreich ist auch das plattdeutsche Wörterbuch

▶ *www.echtundklar.de/blog* – Inselblogs von Hinnerk – informativ und witzig mit Beiträgen zu allen Inseln, Schwerpunkt Baltrum

▶ *www.radio-ostfriesland.com* – Bürgerradio im Online-Stream und vor Ort. Aktuelles aus ganz Ostfriesland, viele Sendungen auf Plattdeutsch, täglich von 6 bis 22 Uhr

Für den Inhalt der Blogs & Podcasts übernimmt die MARCO POLO Redaktion keine Verantwortung.

JUIST

richtung. Immer gut besucht. *Tgl. ab 17 Uhr, Nov.–März So geschl. | www.spelunke.de | Am Kurplatz 1 A*

WELLE ▶▶ [117 D4]
Bewährter Kellertreff für Einheimische und Zugereiste ohne Winterpause und Ruhetag. *Wilhelmstr. 13*

38 Zi. | *Wilhelmstr. 36 | Tel. 04935/ 80 40 | Fax 17 54 | www.hotel-achterdiek.de | €€€*

HAUS ADEN [117 D4]
Ferienwohnungen für 2–4 Personen mit familiärer Atmosphäre, ganz nah am Strand gelegen. *7 Apts. | Strandstr.*

Blumenpracht und friesische Dekoartikel verlocken nicht nur Einheimische zum Kaufen

ZAPPEL ▶▶ [117 D4]
Disko in Meeresnähe. Richtig los geht's natürlich erst gegen Mitternacht – öfters auch Themenpartys. *Mi, Fr/Sa ab 23 Uhr | Strandpromenade 7 | www.zappel-juist.de*

ÜBERNACHTEN

ACHTERDIEK 🔊 [117 D4]
Komfortable Zimmer, Dachstudios und Apartments direkt hinterm Deich mit Blick über das Wattenmeer und Restaurant. Dazu 300 m² Wellnesslandschaft mit Sauna und Dampfbad.

2 | Tel. 04935/928 00 | Fax 91 40 82 | www.haus-aden.de | €

HAUS ANNATUR [117 D4]
Ein wohlriechendes Nichtraucherhaus für Gesundheitsbewusste! Frühstücksbüfett und vegetarisches viergängiges Abendessen werden kreativ aus biologischen Vollwertzutaten komponiert. Gesundheitszentrum mit Massagen und ayurvedischen Anwendungen, Naturkosmetikstudio. Nur mit Halbpension; gutes Preis-Leistungs-Verhältnis. Puschen mitbringen,

Insider Tipp

52 | 53

da im Haus keine Straßenschuhe getragen werden! *9 Zi. | Dellertstr. 14 | Tel. 04935/918 10 | Fax 12 36 | www. annatur.de | €€*

INSELHOSPIZ [116 C4]
Das der Lippischen Landeskirche gehörende Haus ist besonders familienfreundlich und bietet auch Vegetarisches und Diabetikerkost. Preiswerte Halb- und Vollpension möglich. *52 Zi. | Dünenstr. 15 | Tel. 04935/ 10 76 | Fax 18 13 | €*

KURHAUS JUIST �◆ ◌ [117 D4]
Suitenhotel im restaurierten Kurhaus aus dem Jahre 1898. Die Glaskuppel bietet einen 360-Grad-Panoramablick (nur Gästen zugänglich). Mit Spa-Bereich, Kindertreff und gepflegter Bar. *74 Suiten | Strandpromenade 1 | Tel. 04935/91 60 | Fax 91 62 22 | www.kurhaus-juist.de | €€€*

PABST ◌ [117 D4]
Direkt am Dünenrand steht dieses unmittelbar an einem Strandübergang gelegene und doch zentrumsnahe Hotel mit Beautyfarm, Pool und Wellnessbereich. *55 Zi. | Strandstr. 15–16/Ecke Kurpad | Tel. 04935/ 80 50 | Fax 80 51 55 | www.hotel pabst.de | €€€*

WEBERHOF [117 D4]
Das stilvolle Gästehaus ist zwischen Dünen abseits der Straße eingebettet und bietet in seinem Garten mehrere

> BÜCHER & FILME
Von Friesenrezepten, Gezeiten und Schwergewichtlern

> **Das Hagebutten-Mädchen** – Im vierten Fall von Sandra Lüpkes kurzweiligen Inselkrimis klärt die beherzte Kommissarin Wencke Tydmers einen mysteriösen Mordfall auf Juist auf. Weitere gute Insel- und Küstenkrimis gibt es vom Leda-Verlag.

> **Max un Moritz up platt** – Ein Spaß für Groß und Klein ist Wilhelm Buschs Meisterwerk in der plattdeutschen Fassung von Ubbo Gerdes.

> **Das Skelett in den Dünen** – Der TV-Krimi mit Pfarrer Braun alias Ottfried Fischer wurde auf Norderney (das im Film Nordersand heißt) gedreht.

> **Das Kochbuch aus Ostfriesland** – Annelene von der Haar hat auf 160 in Ostfriesenblau gebundenen Seiten viele traditionelle Rezepte zum Kochen und Backen gesammelt.

> **Jedes Kilo zählt!** – In ihrer Doku-Soap von 2008 ließ Kabel 1 die Langeooger abspecken. Unter *www.kabeleins. de/doku_reportage/jedes_kilo_zaehlt* sind Ausschnitte zu sehen, in denen auch die Insel in Szene gesetzt wird.

> **Norderney. Fotografien von gestern und heute** – Bildband von Manfred Bätje und Paul Schild, in dem heutige Stadtansichten historischen Aufnahmen gegenüberstehen.

> **Ebbe und Flut** – Das kleine Bändchen, illustriert u. a. von Joachim Krug, informiert darüber, warum das Meer hier kommt und geht.

> **Das Fahrrad mit der Nummer 13** – Auf der in Wahrheit gar nicht existierenden Nordseeinsel Middeloog siedelt Erik Bedijs seinen witzig geschriebenen Kinderkrimi an.

JUIST

windgeschützte Sitz- und Liegeflächen. Den Kern des Hauses bildet eine hohe, zweigeschossige Halle mit Galerie, Kamin und Sitzgruppen. *8 Zi. und 3 Häuser | Dünenstr. 13b | Tel. 04935/244 | Fax 82 55 | www.weberhof-juist.de* | €€€

■ FREIZEIT & SPORT
MEERWASSER-ERLEBNISBAD [117 D4]
Viele Attraktionen wie Grotte und Wasserfall, Strömungskanal, Wasserrutsche und Kleinkinderbecken.

■ AUSKUNFT
KURVERWALTUNG
Friesenstr. 18, Postfach 1464, 26560 Juist | Tel. 04935/80 91 06 | Fax 80 91 45 | www.juist.de

■ AUSFLUGSZIELE
Schiffsausflüge im Sommer nach Norderney und Baltrum, gelegentlich auch nach Borkum und Helgoland. Regelmäßige Fahrten um die Vogelinsel Memmert, zu den Seehundsbänken und zum Krabbenfischen.

Tagesausflüge auf die Nachbarinseln sind beliebt – besonders wenn die Sonne lacht

Wasser 27 Grad, Luft 29 Grad. Im angeschlossenen Kurmittelhaus *Tower Vital* stehen auch kurspezifische Einrichtungen sowie Sauna, Dampfbad und Solarien zur Verfügung. *Saisonabhängige Öffnungszeiten | im Kurmittelhaus, Warmbadstr.*

MEMMERT [U B10]
Südlich der Westspitze von Juist liegt die Vogelschutzinsel Memmert, die nur vom Inselvogt bewohnt wird. Von Juist aus werden gelegentlich Ausflüge nach Memmert mit vogelkundlicher Führung angeboten.

54 | 55

> DÜNEN, RADFAHRER UND KINDERSTUBE DER SILBERMÖVEN

Eine abwechslungsreiche Dünen-, Busch- und Waldlandschaft sowie die größte Silbermöwenkolonie der Ostfriesischen Inseln

> Knapp sechs Minuten benötigt die farbenfrohe Inselbahn von Langeoog [118–119 C-F1-2] für die Fahrt vom Hafen bis zum Bahnhof des Inseldorfs mit seinen 2105 Einwohnern.

Unterwegs begegnet Ihnen westlich des Schienenstrangs ein für ostfriesische Inselverhältnisse stattliches Wäldchen. Es bedeckt einen Teil der Fläche, auf der im Zweiten Weltkrieg unter Einsatz zahlreicher ausländischer Zwangsarbeiter ein großer Militärflughafen angelegt werden sollte. Spazieren Sie zwischen Wäldchen und Dünen entlang, entdecken Sie noch eine andere Inselrarität: Die Langeooger züchten in zahlreichen Schrebergärten Obst und Gemüse.

Im weitläufigen Ort fällt zunächst die Breite der Straßen auf, die hier sogar auf beiden Seiten von Bürgersteigen gesäumt sind. Motorfahrzeuge sind aber auch von Langeoog verbannt; auf den Straßen tummeln

Bild: Wasserturm auf Langeoog

LANGEOOG

sich vor allem Radfahrer. Ab und zu müssen sie Platz für den Elektrokarren der Müllabfuhr oder für die Pferdekutschen machen, die auf Langeoog Taxidienste versehen und auch für Ausflüge über die ganze Insel genutzt werden können.

Auffällig breit ist auf Langeoog der Dünengürtel zwischen Dorf und Badestrand. Die 1500 m lange Höhenpromenade schlängelt sich als reiner Fußgängerweg über die Dünen, auf denen mit dem Wasserturm, der Strandhalle und dem Seekrug auch ausgesprochen originelle Bauten stehen.

■ SEHENSWERTES

DÜNENFRIEDHOF ★ [118 C1]
Langeoogs Gemeindefriedhof ist nicht nur ein romantischer Platz in den Dünen mit muschelschalenbestreuten Wegen und dem Grab der Sängerin Lale Andersen (1905 in

Bremerhaven geboren), sondern auch ein geschichtsträchtiger Ort, der an die Folgen des nationalsozialistischen Wahns erinnert. Auf dem als *Baltengedenkstätte* bezeichneten Teil des Friedhofs sind zahlreiche deutschstämmige Balten bestattet, die nach der zwischen Hitler und Stalin verabredeten sowjetischen Eroberung des Baltikums aus ihrer Heimat vertrieben wurden. 300 von ihnen siedelte man 1945 nach Langeoog um; bis 1978 war die Insel Standort eines Altenheims für Deutschbalten.

Auf dem *Russenfriedhof* wurden 1941 und 1942 mindestens 113 sowjetische Zwangsarbeiter verscharrt, deren Namen auf sechs Gedenksteinen zu lesen sind. Sie gehörten zu den 450 Russen, die im August 1941 nach Langeoog gebracht und hier unter unmenschlichen Bedingungen bei Arbeiten an militärischen Anlagen eingesetzt wurden.

Schließlich mahnt noch ein 1958 errichtetes hölzernes *Ehrenkreuz* an die deutschen Gefallenen des Zweiten Weltkriegs. Seine Bedeutung

Die Sängerin Lale Andersen wurde 1972 auf dem Dünenfriedhof beerdigt

wurde bemerkenswerterweise durch ein bronzenes Buch am Fuß des Kreuzes erweitert, auf dessen aufgeschlagenen Seiten man einen Auszug aus der berühmten Rede des ehemaligen Bundespräsidenten Richard von Weizsäcker liest, die er am 8. Mai 1985 vor dem Bundestag hielt. In dieser Rede betonte er die Schuld Deutschlands und gedachte aller Opfer des Zweiten Weltkriegs.

> *www.marcopolo.de/ostfrieslandinseln*

LANGEOOG

EVANGELISCHE KIRCHE ⭐ [118 C2]
In der Langeooger Inselkirche aus dem späten 19. Jh. sorgt seit einigen Jahren ein modernes Altarbild des Malers Hermann Buß aus Norden für Diskussionsstoff. Das surrealistisch anmutende Werk zeigt ein gestrandetes Fährschiff mit teilnahmslos herumstehenden Menschen und einen leeren weißen Tisch im Vordergrund. Ob das ein Thema für eine Kirche ist? *Tagsüber geöffnet | Kirchstr.*

FLINTHÖRN [118 C2–3]
Das Flinthörn ist eine Dünen- und Wattlandschaft im Südwesten der Insel, die nur auf dem markierten Wanderweg betreten werden darf. An diesem Weg finden Sie zwischen März und Oktober auch einen Stand der Nationalparkverwaltung. Das Flinthörn ist ein auf den Ostfriesischen Inseln einmaliger, nehrungsartiger Fluthaken, der sich seit 1825 durch Sand- und Schwebstoffablagerungen bildete. Hier kann man alle Stadien der Dünenentwicklung studieren.

KATHOLISCHE KIRCHE [118 C2]
Die 1961–63 erbaute Rundkirche mit dem markanten Turm in Form eines Schiffsstevens ist dem hl. Nikolaus geweiht. *Tagsüber geöffnet | Strandjepad/Ecke Friesenstr.*

LALE-ANDERSEN-DENKMAL [118 C2]
Das Bronzedenkmal zeigt die Sängerin unter einer Laterne – Anspielung auf ihr berühmtes Lied „Lili Marleen". Geschaffen wurde es 2005 von der Langeooger Goldschmiedin Eva Recker. *Unterhalb des Wasserturms*

MELKHÖRNDÜNE ☀ [119 D1]
Von der als Aussichtspunkt befestigten, 21,3 m hohen Düne haben Sie einen schönen Rundblick über Dünen, Heller und Salzwiesen. *Hinter der Jugendherberge auf dem Weg zum Gasthaus Meierei*

MUSEUMSRETTUNGSBOOT LANGEOOG [118 C2]
Das kleine Seenotrettungsboot war von 1945 bis 1980 vor Langeoog im Einsatz. *Di, Do, So 10.30–12.30 Uhr | Spenden erwünscht | Kurviertel*

OSTERHOOK ☀ [119 F2]
Am Osterhook endet der gepflasterte Weg in den Inselosten. 700 m weiter steht auf einer Düne eine hölzerne

MARCO POLO HIGHLIGHTS

⭐ **Dünenfriedhof**
Gedenkstätten aus der jüngeren Inselgeschichte und das Grab der Sängerin Lale Andersen
(Seite 57)

⭐ **Evangelische Kirche**
Ein fast surrealistisch anmutendes Altarbild sorgt für Diskussionen
(Seite 59)

⭐ **Schifffahrtsmuseum und Nordseeaquarium**
Einblick in die Geschichte der Schifffahrt
(Seite 60)

⭐ **Atelier Anselm am Meer**
Werkstatt und Verkaufsgalerie eines ungewöhnlichen Inselmalers, der auch Kinder und Erwachsene unterrichtet
(Seite 63)

Insider Tipp Aussichtsplattform, von der aus man gut Seehunde beobachten kann. Die beste Zeit dafür sind die drei Stunden vor und nach dem Hochwasser. Auch Spiekeroog ist von hier aus gut zu sehen.

Insider Tipp
PIROLATAL [119 D1–2]
Das fast 2 km lange und bis zu 300 m breite Pirolatal wird im Süden und Norden von Graudünen gesäumt, die bis zu 15 m hoch sind. Ein Wanderweg führt Fußgänger und Radfahrer durch das Tal.

SCHIFFFAHRTSMUSEUM UND NORDSEEAQUARIUM [118 C2]
Die lichte Ausstellung präsentiert neben zahlreichen großen Schiffsmodellen auch Buddelschiffe, nautische Geräte, historische Werbeplakate und Emailleschilder für Kreuzfahrten und Passagen sowie Münzen mit Schiffsmotiven aus aller Welt. Schön ist die Sammlung von gravierten Walzähnen und -knochen, informativ die Dokumentation zur Langeooger Schifffahrtsgeschichte. Das Aquarium zeigt die Fauna der Nordsee. *Mo–Sa 10–12, Mo–Do auch 15–17 Uhr | Eintritt 2 Euro | Haus der Insel, Kurviertel*

SCHLOPP [119 D-E1–2]
Sturmfluten haben Langeoog immer wieder schwer zugesetzt. 1721 waren die Zerstörungen so groß, dass die Insulaner ihre Heimat aufgaben und aufs Festland zogen; erst zwei Jahre später wurde Langeoog von Helgoland und den Nachbarinseln aus neu besiedelt. Eine Sturmflut im Jahr 1825 ließ dann die Insel in drei Teile zerfallen. Wo bis zum Deichbau von 1906 das Wasser stand, ist an der flachen Wiesenlandschaft noch heute zu erkennen: im *Großen* und *Kleinen Schlopp*, zwischen denen die Melkhorndüne liegt. Außer einigen kleinen Brackwasserteichen gibt es hier seit 1971 auch einen größeren Baggersee. Er ist bis zu 12 m tief und wird u. a. von Garnelen und Aalen besiedelt. Im Norden ist der Deich selbst durch Sandanwehungen um 15 m gewachsen.

SEEMANNSHUS [118 C2]
In einem kleinen, ansprechend renovierten Insulanerhaus aus dem vorletzten Jahrhundert finden jährlich wechselnde Ausstellungen zu naturkundlichen oder historischen Themen statt. Außerdem ist eine heimatkundliche Ausstellung zu sehen. *Mi und Fr 15–18, So 10–12 Uhr | Eintritt 1 Euro | Caspar-Döring-Pad/ Ecke Mittelstr.*

> LOW BUDGET

> Gute Qualität zum günstigen Preis bietet das Bistro *Windlicht,* schon für 4,50 Euro wird man dort lecker satt *(Hospizplatz 7 | Tel. 04972/92 22 50 | www.windlicht-langeoog.de).*

> Preiswert und trotzdem gut wohnt man in der Hotelpension *Meedenwind* am Ortsrand. Apartments für 2 Personen bekommen Sie je nach Saison für 40–61 Euro, für 4 Personen zahlen Sie nur 45–69 Euro. Ungewöhnlich für diese Preisklasse: Es gibt ein kleines Hallenbad mit Sauna im Haus *(18 Zi. | Süderdünenring 49 | Tel. 04972/701 | Fax 91 02 13 | www.haus-meedenwind.de).*

LANGEOOG

SEENOTBEOBACHTUNGS-STELLE ☼ [118 C1]

Der orangefarbene Container mit Dachplattform auf einer Düne am östlichen Ortsrand dient nicht mehr wie einst der Überwachung der See, sondern nur noch werktags als Aussichtspunkt; am Wochenende fungiert er als Verkaufsstelle der Deutschen Gesellschaft zur Rettung Schiffbrüchiger.

VOGELKOLONIE [119 E-F1-2]

Die Dünen im Osten der Insel sind zum Großteil Vogelschutzgebiet und dürfen nur im Rahmen von Führungen betreten werden, die zu bestimmten Terminen am Vogelwärterhaus am Weg zur Meierei beginnen. Die Vogelkolonie ist zwischen Mai und Anfang Juli Brutrevier vor allem von Silbermöwen.

WASSERTURM [118 C2]

Langeoogs markanter, 18 m hoher Wasserturm diente seit 1909 als Trinkwasserspeicher. Heute übernimmt ein modernes Speicherbecken beim Wasserwerk diese Aufgabe. Der Turm aus Klinker und Wellblech, auf einer Düne errichtet und bereits aus großer Ferne erkennbar, bleibt

Größter Admiral der englischen Flotte: Lord Nelson im Schifffahrtsmuseum

als Wahrzeichen der Insel aber weiterhin bestehen. Eine Ausstellung im Erdgeschoss informiert über die Trinkwassergewinnung. *Turmbesteigung Mo–Fr 10–12 Uhr | Am Wasserturm*

■ ESSEN & TRINKEN ■

CAFÉ LEISS [118 C2] *Insider Tipp*

Im beliebtesten Café im Dorf beginnt der Tag mit einem großen Frühstücksbüfett. Bis abends werden Ihnen hier Kuchen und Torten aus eige-

> BOSSELN
Der ostfriesische Volkssport

Man könnte das Boßeln als Kegeln auf Landstraßen beschreiben. Zwei Mannschaften wetteifern darum, eine Holz- oder Gummikugel von 10 cm Durchmesser in einer vorher festgelegten Zahl von Durchgängen eine möglichst weite Strecke zu rollen. Da das Wurfgeschoss oft im Graben landet, schafft man in 1–3 Stunden nur 5–10 km. Das Ganze hat den Charakter eines feuchtfröhlichen Ausflugs. Meist wird ein Bollerwagen mit Proviant, vor allem hochprozentigem, mitgeführt. Ein beliebter Volkssport, besonders im Winter.

ner Herstellung, aber auch kleine Gerichte serviert. *Barkhausenstr. 13 | Tel. 04972/65 14 | €*

Insider Tipp MEIEREI [119 E2]
Ausflugslokal mit großer Terrasse im Osten der Insel. Im Gastraum sind zwei von zwölf je 3 kg schwere Kanonenkugeln ausgestellt, die aus

SCHIFFCHEN [118 C1]
Der Schwerpunkt des Küchenchefs im Restaurant des Hotels Kolb liegt auf leichter mediterraner Kost. Bei schönem Wetter stehen auch 45 Plätze im Außenbereich zur Verfügung. *Barkhausenstr. 32 | Tel. 04972/910 40 | www.hotel-kolb.de | mittags €, abends €€€*

Der Seekrug auf der Höhenpromenade ist wohl das aussichtsreichste Restaurant der Insel

der Zeit der napoleonischen Kontinentalsperre stammen. Damals waren auf Langeoog 200 französische Soldaten stationiert, die den englischen Handel zwischen Helgoland und Hamburg unterbinden sollten. Serviert wird Inseltypisches: Dickmilch, belegte Brote und Würstchen, frische Milch und Sanddornsaft aus eigener Ernte. *Di geschl. | Tel. 04972/248 | €*

SEEKRUG [118 C1]
Der auffällige, moderne Bau auf den Dünen ist weitgehend verglast, sodass man fast wie in einem Wintergarten sitzt. Für gutes Wetter gibt es eine windgeschützte Terrasse mit Panoramablick. Lobenswert sind die kreativen Gerichte mit regionalen Spezialitäten und die Vielzahl der selbst angesetzten Schnäpse, z.B. Holunderblüten- und Eberschen-

> *www.marcopolo.de/ostfrieslandinseln*

LANGEOOG

Wildapfel-Schnaps. Mo geschl. | *Höhenpromenade 1 | Tel. 04972/383 | www.seekrug.de | €€€*

SONNENHOF [118 C2]
Tee- und Weinstube im reetgedeckten früheren Wohnhaus von Lale Andersen. *Gerk-sin-Spoor 6 | Tel. 04972/713 | www.cafe-sonnenhof.de | €€*

Insider Tipp STRANDHALLE ✷ [118 C1]
In dem Traditionsbau von 1954 weht ein frischer Wind. Bar, Café und Restaurant prägt moderne Eleganz. Fisch, Schnitzel, Steaks und Pasta werden durch ein verlockendes Salatbüfett ergänzt, Cocktails als *Sundowner* gepriesen. Im Sommer sind ab 22 Uhr Samba, Latin und Standardtänze angesagt. *Höhenpromenade 5 | Tel. 04972/99 07 76 | www.strandhalle.info | €*

■ EINKAUFEN

ATELIER ANSELM AM MEER ★ [118 C2]
Anselm Prester, 1943 in Bayern geboren, lebt seit 1965 auf Langeoog. Er ist mehr als der übliche Kunstmaler, der Inselmotive für Inselliebhaber auf die Leinwand bringt. Prester gibt zudem einwöchige Malkurse für Kinder und Erwachsene. *Warmbadweg 4 | Tel. 04972/63 71 | Fax 16 46 | www.atelier-am-meer-langeoog.de*

DAT WERKHUS [118 C2]
Goldschmiedeatelier, das auch Seminare für Erwachsene und Kinder veranstaltet. *An den Bauhöfen 1 | Tel. 04972/99 03 44 | Fax 99 03 08 | www.goldschmiedeseminare.de*

LE PARADIS
Gemälde und überdurchschnittlich geschmackvolle Objekte modernen Kunsthandwerks aus aller Welt. *Höhenpromenade/Ecke Warmbadweg*

**SCHMUGGELKISTE &
INSEL-GOLDSCHMIEDE** [118 C2]
Hier gibt es Buddelschiffe und Maritimes; Schmuck aus verschiedenen Erdteilen, ergänzt durch Arbeiten aus der eigenen Werkstatt. Besonders beliebt sind Anhänger in Inselform und die Miniaturrepliken des Lale-Andersen-Denkmals gleich vor dem Schaufenster. *Am Wasserturm 3*

▶ PFADE DER TUGEND
Früher gingen Männer nie mit Frauen baden

Noch vor 100 Jahren hatten Männer und Frauen an den Stränden getrennt zu baden. Die Straßenbezeichnungen *Damenpfad* und *Herrenpfad*, die es auf fast allen Inseln gibt, zeugen noch davon. Familienbäder wurden erst zu Beginn des 20. Jhs. eingerichtet. Jahrzehntelang badete man von Badekarren aus, die von Wärtern bzw. Wärterinnen ins Wasser geschoben wurden. Über eine Leiter stiegen die Kurgäste ins Meer. Die Herren gingen ein paar Mal in die Knie, die Damen absolvierten einige Knickse, dann war das Bad beendet. Auf Norderney hatten Dienstboten für die Benutzung des Badekarrens weniger zu zahlen als ihre Herrschaften; auf Juist gab es für Arme Ermäßigung. Wer als arm galt, entschied der Inselvogt oder der Ortsprediger.

62 | 63

AM ABEND

DÜNE 13 ▶▶ [118 C1]

Musikkneipe auf den Dünen. Bei gutem Wetter steht man auch auf der Promenade. *Di–So 19.30–2, Fr/Sa bis 3 Uhr | Höhenpromenade 1 | www.duene13.de*

LILI MARLEEN ▶▶ [118 C2]

Urige Kneipe mit Disko-Charakter. Der Musikstil reicht von Pop bis Rock. *Tgl. ab 18 Uhr | Hauptstr. 21 | Tel. 04972/17 39*

ÜBERNACHTEN

ACHTERT DIEK 🔊 [118 C2]

Sehr ruhig gelegenes Nichtraucherhotel mit Zimmern und Ferienwohnungen. Hallenbad, Sauna, Solarium, hauseigene Fahrräder. *27 Zi. | Süderdünenring 47 | Tel. 04972/911 90 | Fax 91 19 10 | www.achtertdiek.de | €€*

FEUERSCHIFF [118 C2]

Ein Hotel mit fünf Häusern, teils durch eine unterirdische Erlebnispassage miteinander verbunden. Ganz unterschiedliche Studios und Apartments, gemeinsames Wellnesszentrum mit Pool. *Friesenstr. 1–5 | Tel.* *04972/69 70 | Fax 697 97 | www.feuerschiff-langeoog.de | €€ und €€€*

MARE [118 C2]

Stuitenhotel mit 24 Studios und Apartments (2–6 Personen), Fitnessbereich, Sauna, Dampfbad, Whirlpool und Solarium. *Kiebitzweg 8 | Tel. 04972/922 60 | Fax 92 26 44 | www.suiten-hotel-mare.de | €€–€€€*

RETRO DESIGN HOTEL ▶▶ [118 C2] *Insider Tip*

Ein Hotel für Designfreaks, 2007 im farbenfrohen Stil der 1970er eröffnet. Juniorsuiten mit Whirlpool, Chillout-Bar. *21 Zi. | Abke-Jansen-Weg 6 | Tel. 04972/682 99 90 | Fax 91 04 90 | www.retro-design-hotel.de | €€*

FREIZEIT & SPORT

GOLFCLUB INSEL [118 C2]

Im Frühjahr 2009 eröffnet: der neue 9-Loch-Golfplatz südlich der Fluglandebahn. *www.golfclub-insel-langeoog.de*

MEERWASSER-ERLEBNISBAD [118 C2]

Viel Wasserspaß garantieren Wellenkanal, 42 m lange Riesenrutsche, Planschbecken, Traumgrotte, Whirlpools, Solarien und Fitnessraum. In

❯ MUSCHELN MIT LÖCHERN
Massenweise Mordindizien

Muschelschalen mit kleinem Loch werden am Nordseestrand gern gesammelt, denn sie lassen sich gut zu Ketten aufreihen. Schaut man genauer hin, kann man zwei Arten von Löchern unterscheiden. Unregelmäßige Löcher sind durch Reibung der Schalen auf Sand entstanden. Die kreisrunden Löcher mit glattem Rand jedoch sind Indiz eines

„Mordes": Nabelschnecken haben ihren Rüssel durch die Schale gebohrt, um die Muschel auszusaugen. Findet man Muscheln und Schneckengehäuse mit einer Vielzahl von Löchern, zeugen die vom Werk des Bohrschwamms. Diese Löcher stehen im Innern der Schalen durch Gänge in Verbindung, in denen der Bohrschwamm gelebt hat.

LANGEOOG

der Saunalandschaft stehen Innen- und Außensaunen sowie zwei Tauchbecken zur Verfügung. *Saisonabhängige Öffnungszeiten | Kurzentrum*

NICHTRAUCHERSTRAND [118 C2]
Langeoog als Vorreiter für Gesundheitsbewusste: Am über 150 m langen Strandabschnitt D ist das Rauchen seit 2007 verboten.

■ AUSKUNFT
KURDIREKTION [118 C2]
Hauptstr. 28 (im Rathaus), Postfach 12 63, 26454 Langeoog | Tel. 04972/ 69 30 | Fax 69 31 16 | www.lange oog.de

■ AUSFLUGSZIELE
Tagesfahrten werden insbesondere in den Ferienzeiten nach Baltrum, Nor-

Auch eine Möglichkeit sich am Strand Bewegung zu verschaffen: Boule

NORDIC WALKING PARK [118 C1]
(Insider Tipp)
Mit geführten Walks für Kurgäste hat Langeoog bisher schon sein Herz für diesen Trendsport gezeigt. 2007 hat man auch den ersten Nordic Walking Park der ostfriesischen Inselwelt mit extra ausgeschilderten Routen von 5,2 bis 21,3 km Länge durch die Langeooger Inselnatur geschaffen. *Infos im Kurzentrum*

derney, Spiekeroog und Wangerooge angeboten. Helgoland steht im Juli und August je ein- bis zweimal wöchentlich auf dem Programm, sonst zweimal monatlich. Außerdem gibt es Törns zu den Seehundsbänken und Rundfahrten mit Fischfang im Wattenmeer, die bei Kindern besondern beliebt sind. *Infos bei der Kurdirektion*

64 | 65

> BADEN-BADEN AN DER NORDSEE

Ein Staatsbad mit viel historischem Flair, beliebt auch bei Naturfreunden und Aktivurlaubern

 **KARTE AUF DEN SEITEN 120 UND 121**

> Am Hafen von Norddeich geht es zu wie im Taubenschlag. Die Fähren nach Juist fahren zwar nur zweimal täglich, doch die nach Norderney [116–117 B–F 5–6] sind im Hochsommer tidenunabhängig (!) ohne Unterlass unterwegs. Und ihr Autodeck ist immer gut gefüllt.

Obwohl die Insel nur 6470 Einwohner zählt, bietet sie weit mehr als gleich große Gemeinden auf dem Festland. Schließlich kann man auf der 15 km langen und bis zu 2 km breiten Insel bis zu 40 000 Gäste unterbringen – und auf sie und weitere 10 000 Tagesbesucher sind Infrastruktur, Gastronomie und Geschäftswelt eingestellt.

Einen ersten Eindruck von Norderney erhalten Sie bereits auf der Fährfahrt, denn bevor Sie den Inselhafen erreichen, wo Busse und Taxis warten, fährt die Fähre ein gutes

Bild: Dünenpfad auf Norderney

NORDERNEY

Stück an der Südwestküste der Insel entlang – am Westbad mit seinem Badestrand.

Trotz der größeren Anzahl von Hochhäusern wird Sie ein Stadtbummel angenehm überraschen. Ohne Zweifel wurden auf dieser Insel mehr Bausünden als auf den anderen begangen, aber zugleich ist auf Norderney am meisten historische Bausubstanz erhalten geblieben. Ganze Straßenzüge mit Biedermeierhäusern und klassizistischen Bauten aus dem 19. Jh. sind zu bewundern. Architektonische Glanzpunkte sind das Kurhaus und das Kurhotel aus der goldenen Gründerzeit der Insel, als Norderney Sommerresidenz des Hannoveraner Königs war, aber auch Zweckbauten wie das Postamt und das heute zugleich als Kino genutzte Kurtheater.

Norderney war im 19. Jh. Treffpunkt der feinen Gesellschaft, zu den

Gästen zählte der europäische Hochadel. So wie Baden-Baden seit dem 18. Jh. das Modebad im Süden Deutschlands war, entwickelte sich Norderney 100 Jahre später zum Gesellschaftstreff im Norden: Heinrich Campingplätze und Straßen mit Parkplätzen zu finden sind.

Die ganze östliche Inselhälfte ist dann Natur pur mit ausgedehnten Salzwiesen und Dünenlandschaften – so gut und ruhig wie auf jeder ande-

Norderney rühmt sich als das älteste deutsche Nordseeheilbad – viele Häuser blieben erhalten

Heine, Theodor Fontane, Wilhelm von Humboldt und Otto von Bismarck gehörten ebenso dazu wie Clara und Robert Schumann.

Die Stadt Norderney nimmt nur etwa ein Sechstel der Insel ein und breitet sich zwischen Westbad und Meierei aus. Diese gilt als Bebauungsgrenze, die nicht mehr überschritten werden darf. Bis hin zur Inselmitte schließt sich eine Übergangszone an, die weitgehend naturbelassen ist, in der aber auch Golf- und Flugplatz sowie mehrere ren Insel. Sie gehört zur Ruhezone des Nationalparks, durch die nur wenige genehmigte Wege führen. Einmalig für die Ostfriesischen Inseln sind in diesem Gebiet die durch Windausblasungen entstandenen Dünentäler, die teilweise bis auf das Grundwasserniveau hinabreichen, sodass in ihnen offenes Süßwasser steht. Auf Norderney fühlen sich also Naturfreunde ebenso wohl wie Aktivurlauber, die tagsüber surfen und später bis in die tiefe Nacht hinein tanzen wollen.

> www.marcopolo.de/ostfrieslandinseln

NORDERNEY

SEHENSWERTES

BADEMUSEUM ⭐ [120 B5]

Thema des 2007 fertiggestellten Museums ist der Urlaub auf Norderney durch die Jahrhunderte von der Werbung und Anreise bis zur Bademode und dem Strandleben. Davor steht die 1931 konstruierte, erste Wellenmaschine des Norderneyer Meerwasserhallenbades. *Di–So 11–16 Uhr | Am Weststrand 11 | Tel. 04932/ 93 54 22*

FISCHERHAUS-MUSEUM ⭐ [120 B4]

Das hübsche Fischerhaus, ein originalgetreuer Nachbau eines alten Hauses von 1800, ist das Heimatmuseum der Insel. Es zeigt die Entwicklung vom Fischerdorf zum Staatsbad und gibt in stimmungsvoll eingerichteten Stuben einen Einblick in die Wohn- und Arbeitswelt der alten Norderneyer. *Mai–Sept. Mi 16–18 Uhr, Führungen Di und Do 11, Fr 16 Uhr | zur Besichtigung in anderen Monaten und Infos über gelegentlich stattfindende Teeseminare werktags Tel. 04932/17 91 (Frau Visser) | Im Argonnerwäldchen*

GEORGSHÖHE ☆ [120 C1]

Die Aussichtsdüne an der Strandpromenade ermöglicht einen guten Überblick über Stadt und Insel. Benannt ist sie nach dem blinden König Georg V. von Hannover, der Norderney in der Mitte des 19. Jhs. zu seiner Sommerresidenz machte.

KAISER-WILHELM-DENKMAL [120 B2]

Aus 75 Städten des Deutschen Reichs wurden 1898 insgesamt 100 t schwerer Steinquader nach Norderney verfrachtet, um daraus einen 13 m hohen Obelisken zu errichten. Er soll an die Gründung des Deutschen Reichs im Jahr 1871 erinnern. Die Quader tragen die Namen der Städte, die Steine schickten. Einige entstammen historischen Bauwerken wie beispielsweise der Frankfurter Römer oder der Kölner Stadtmauer. *Bismarckstr./Herrenpfad*

KURHAUS ⭐ [120 B4]

Das schönste Gebäude auf Norderney ist das 1840 im klassizistischen Stil errichtete Kurhaus mit seinem schattigen Laubengang. 2007 wurde

MARCO POLO HIGHLIGHTS

⭐ **Bademuseum**
Sehen, wie man sich früher auf Norderney vergnügte (Seite 69)

⭐ **Fischerhaus-Museum**
Die Geschichte der Insel wird im originalgetreuen Nachbau eines Fischerhauses lebendig (Seite 69)

⭐ **Kurhaus**
Das schönste Gebäude Norderneys im klassizistischen Stil (Seite 69)

⭐ **Kurtheater**
Konzerte und Theater in der Atmosphäre eines kleinen Hoftheaters (Seite 70)

⭐ **Café Marienhöhe**
Wo heute ein originelles Café mit Panoramablick steht, dichtete einst Heinrich Heine (Seite 72)

⭐ **Bade:haus**
In neuem Glanz: Europas ältestes Meerwasserwellenbad (Seite 75)

es samt Kurplatz aufwendig restauriert. *Am Kurplatz*

KURTHEATER ★ [120 C3]
Das Kurtheater aus dem Jahr 1890 ist ein wahres Schmuckstück, das an der Küste nicht seinesgleichen hat. Mit 415 roten Kordsamtsesseln, Logen, zweigeschossigen Rängen und der zart bemalten Stuckatur gleicht es einem kleinen, intimen Hoftheater. Die Landesbühne Niedersachsen-Nord gibt hier das ganze Jahr über regelmäßig Gastspiele; darunter auch Konzerte. *Nur zu Veranstaltungen geöffnet | neben dem Haus der Insel*

LEUCHTTURM [116 C6]
253 Stufen führen auf den über 54 m hohen Leuchtturm der Insel, dessen Lichtstrahl noch in 37 km Entfernung zu sehen ist. Sein Feuer dreht sich als einziges an der deutschen Küste links herum; der Leuchtapparat ist eine französische Reparationsleistung aus dem Krieg 1870/71. *April–15. Okt. tgl. 14–16 Uhr | Am Flugplatz*

NAPOLEON-SCHANZE [121 D3]
Ein schöner Spaziergang führt von der Janusstraße durch eine baumreiche Parkanlage zur Napoleonschanze und dem ihr nördlich vorgelagerten Schwanenteich. Die Wallanlage stammt aus der Zeit der französischen Kontinentalsperre, als auf Norderney etwa 200 bis 300 französische Soldaten stationiert waren. Heute wird sie zwischen Juni und August als *Waldkirche* genutzt, in der unter freiem Himmel evangelische Gottesdienste stattfinden. *Frei zugänglich*

NATIONALPARKHAUS [121 F6]
Im modernsten Nationalparkhaus der Ostfriesischen Inseln läuft mehrmals täglich eine eindrucksvolle Bilderschau über die schützenswerte Naturlandschaft mit faszinierenden Bildern, effektvoller Musik und wenigen Worten. In den Ausstellungsräumen demonstriert ein Modell die Entste-

Kinder und Seehunde tummeln sich vor dem Postamt mit seiner bunten Backsteinfassade

> *www.marcopolo.de/ostfrieslandinseln*

NORDERNEY

hung der Gezeiten und informiert über die Lebensbedingungen der Seehunde. *April–Okt. Di–So 9–18, Nov.–März Di–So 10–17 Uhr | Eintritt frei | Am Hafen | Tel. 04932/20 01 | www.nationalparkhaus-norderney.de*

POSTAMT [120 B3]

Eines der schönsten historischen Gebäude der Stadt ist das 1891/92 errichtete Postamt mit Ziegelverzierungen, dekorativer Bemalung und neoromanischem Rundbogenfries. Sehr effektvoll wird es abends angestrahlt. *Poststr. 1*

SCHIFFSWRACK [117 F5]

Im äußersten Osten der Insel liegt seit 1968 das Wrack eines Muschelbaggers im Sand. Man hatte mit dem Bagger versucht, ein auf der Sandbank festsitzendes Schiff freizuschleppen, das später aus eigener Kraft wieder flott wurde, und war dabei selbst unrettbar gestrandet. Sie erreichen das Wrack über den einzig zulässigen und markierten Weg durch diesen Inselteil. Dort steht ganz in der Nähe zwischen März und Oktober ein Informationswagen der Nationalparkverwaltung, in dem Er-

läuterungen zum Thema Salzwiesen und zu den Seehunden gegeben werden, von denen häufig etwa 150 mit dem Fernglas gut auszumachen sind.

SENDERDÜNE [116 C6]

Von der Aussichtsdüne neben der gleichnamigen Jugendherberge haben Sie einen guten Rundblick und Einsicht in grundwassernahe, feuchte Dünentäler mit Birken und Strauchweiden.

SÜDSTRANDPOLDER [116 B–C6]

Norderneys ältestes Naturschutzgebiet ist Brutgebiet für etwa 40 Vogelarten, darunter Nachtigallen und Weihen, Bartmeisen und Rohrdommeln, Teichrohrsänger und Wasserrallen. Zudem ist es ein wichtiges Rast- und Nahrungsgebiet für viele Enten-, Gänse- und Wattvögel. Das 1,4 km^2 große Areal östlich des Hafens wurde erst 1940/41 eingedeicht und aufgespült, weil die Nationalsozialisten hier einen Flughafen anlegen wollten, der dann aber doch nicht fertiggestellt wurde. Nahezu unbeeinflusst vom Menschen konnte sich hier ein Feuchtgebiet entwickeln, auf dem sowohl süßwasserabhängige als

> UNGALANT
Heinrich Heine über Frauen auf Norderney

Heinrich Heine, der 1825 und 1826 zu Gast auf der Insel war, liebte die Nordsee und die Dünen; die Einheimischen aber schätzte er offenbar nicht sonderlich. So erzählt er, die Tugend der Insulanerinnen werde „durch ihre Hässlichkeit und gar besonders durch ihren Fischgeruch" geschützt. Von ihrem Tee

weiß er zu berichten, dass „der sich von gekochtem Salzwasser nur durch den Namen unterscheidet". Trotzdem haben die Norderneyer dem jüdischen Dichter ein Denkmal am *Haus der Insel* (*Herrenpfad*) gesetzt, das erstaunlicherweise der von der NS-Propaganda vereinnahmte Bildhauer Arno Breker schuf.

auch salzverträgliche Pflanzen gedeihen. Schöne Einblicke in diese amphibische Landschaft gewinnen Sie bei einer etwa 4,5 km langen Deichwanderung rund um den Südstrandpolder. Die Vogelwelt lässt sich am besten mit einem Fernglas von der Beobachtungshütte auf der südlichen Deichlinie studieren.

WASSERTURM [121 E2]

Der 41,6 m hohe Wasserturm von 1929 ist eines der Wahrzeichen der Insel. Er hat ein Fassungsvermögen von 1,5 Mio. Liter. *April–Okt. gelegentlich Innenführungen über 205 Stufen | Jan-Berghaus-Str. 334*

WINDMÜHLE SELDENRÜST [121 E3]

Die einzige Windmühle der Ostfriesischen Inseln ist ein Galerieholländer. Sie war von 1862 bis 1962 in Betrieb und konnte bei günstigem Wind bis zu 5 t Korn am Tag mahlen. *Nur Außenbesichtigung | Marienstr. 24*

ESSEN & TRINKEN

CAFÉ MARIENHÖHE ★ [120 A3]

Auf der Düne, auf der Heinrich Heine sein später von Franz Schubert vertontes Gedicht „Lied vom Meer" schuf, steht heute ein origineller Kuppelbau mit zarten Deckenmalereien, durch dessen Panoramascheiben Sie einen prächtigen Blick aufs Meer genießen. Torten und Kuchen aus eigener Konditorei. | *Strandpromenade | Tel. 04932/686* | €€

CENTRAL-CAFÉ [120 B4]

Das renommierte Café im Zentrum des Kurgeschehens verwöhnt mit leckerem Kuchen und hält süße Souvenirs aus eigener Herstellung parat: Schokolade in allen Geschenkvarianten und Pralinen. *Am Kurplatz 1 | Tel. 04932/911 10* | €

DE LECKERBECK [120 B2]

Der Name des Restaurants benennt die Zielgruppe: Leckermäulchen. In einem 1878 als Synagoge für die Kurgäste erbauten Haus werden ostfriesische Spezialitäten wie Labskaus, Snirtjebraten und Steckrübencremesuppe mit Krabben angeboten. Im Sommer können Sie auch draußen sitzen. *Mo geschl. | Schmiedestr. 6 | Tel. 04932/99 07 53 | www.leckerbeck-norderney.de* | €€

GRAN CAFÉ FLORIAN [120 B3]

Das Eis und die ständig frisch gebackenen Waffeln stammen aus eigener Herstellung. *Poststr. 9 | Tel. 04932/10 51* | €

MILCHBAR AM MEER ▶▶ [120 A2]

Aus der alteingesessenen Milchbar direkt auf der Strandpromenade ist ein Szenetreff geworden. In der Lounge mit frontalem Meerblick durch riesengroße Scheiben genießt man Bier, Wein und ab 19 Uhr auch Cocktails, draußen auf der Terrasse gibt es weiterhin Milchreis und allerlei Kleinigkeiten. Geblieben ist das Prinzip der Selbstbedienung. *Kaiserstr. 3 | Tel. 04932/92 73 44* | €

WEISSE DÜNE ▶▶ [116 C5]

Weit weg von der Stadt, aber gut mit dem Inselbus oder nach einstündiger Strandwanderung zu erreichen ist das Traditionslokal zum trendigsten Restaurant-Café der Insel geworden. Man sitzt auf Holzbänken an Holztischen, in Strandkörben oder wie ein

NORDERNEY

Berber auf Stoffkissen an niedrigen marokkanischen Tischen. Selbst die Pflanzschalen sind aus Holz. Drinnen gibt es einen Loungebereich mit offenem Kamin und ein modern eingerichtetes Restaurant. Nachmittags schmeckt der Mohnkuchen an Orangenkompott ebenso gut wie abends die Spaghetti „Nordernara" mit Speck, Krabben und Kräutern oder die Zuckererbsensuppe mit marinierten Flusskrebsschwänzen. *Ostbad | Tel. 04932/93 57 17 | www.weisse duene.com | €€*

ZUR MÜHLE [121 E3]

Das Restaurant ist so beliebt, dass man drinnen ohne Tischreservierung kaum einen Platz bekommt. Serviert werden neben Standardgerichten auch norddeutsche Spezialitäten wie Labskaus oder im Herbst Grünkohl. Der hier kredenzte Grog gilt als einer der besten im Norden: Er wird mit 73-prozentigem Jamaika-Rum zubereitet. Am Nachmittag ein beliebter Treff zur ostfriesischen Teestunde. *Mi geschl. | Marienstr. 24 | Tel. 04932/20 06 | www.norderney-mueh le.de | mittags €, abends €€*

EINKAUFEN

ANTIQUITÄTEN PETER HUBER [120 B3]

Schwerpunkt im Angebot sind unübersehbar alte Uhren jeder Art, darunter auch historische Taschen-, Wand- und Freimaurer-Uhren – was nicht überrascht, wenn man weiß, dass Inhaber Peter Huber Uhrmachermeister ist. *Lange Str. 2*

DECKENA [120 B2]

Insider Tipp

Ostfriesische Fleisch, Wurst- und Schinkenspezialitäten zum Mitneh-

Das Café Marienhöhe steht auf einer Düne mit bester Aussicht auf das Meer

72 | 73

men aus eigener Manufaktur, z.B. Norderneyer Meersalzschinken, Lammknacker oder Labskaus in Dosen. *Friedrichstr. 16 | www.insel manufaktur.de*

SILK-ART-GALERIE
GISELA FOLKERTS [120 B3]
Die aus Oberhausen stammende Künstlerin malt Aquarelle auf Seide und kreiert Seidenkleider, -tücher, -kissen und Lampenschirme, die häufig Inselmotive, aber auch Tiere oder abstrakte Motive zeigen. Originell sind die von ihrer Tochter Ute, einer gelernten Goldschmiedin, gefertigten Schmuckstücke und Serviettenhalter aus antiken Silberbestecken – auf Wunsch auch aus von Kunden mitgebrachten Teilen. *Do–Sa | Bülowallee 1 | www.besteckschmuck.de*

>LOW BUDGET

> Wer die Inseln von oben sehen will, kann mit der *Luftsportgruppe Nordseebad Norderney e. V.* besonders preiswert Inselrundflüge unternehmen. Die Hobbypiloten fliegen zum Selbstkostenpreis, wollen kommerziellen Anbietern aber keine Konkurrenz machen. Wer mit ihnen in die Luft gehen will, muss daher die Luftsportgruppe persönlich kontaktieren und zum Flugplatz radeln.

> Norderney ist kein billiges Pflaster. Wer nur einmal schnell zwischendurch den Hunger stillen will, kann das aber für unter 5 Euro im *Grillstübchen* und in der *Pommestüte (Poststr. 7 und 7A)* tun. Da gibt es die Tüte Pommes bereits ab 1 Euro, das halbe Hähnchen für 3,50 Euro.

■ AM ABEND
INSELKELLER [120 B3]
Auch außerhalb der Hauptsaison gut besuchtes Tanzlokal für jedes Alter. Gespielt werden überwiegend deutsche und internationale Hits der 1970er- und 80er-Jahre. *Mo–Mi ab 20 Uhr | Haus der Insel | Tel. 04932/89 46 00*

KINO IM KURTHEATER [120 C3]
Täglich mehrere, häufig topaktuelle Filme. *Im Haus der Insel*

MÖPKEN [120 B3]
Musikkneipe und Irish Lounge Bar mit Musik, in dem sich vor allem Gäste und Norderneyer unter 30 Jahren treffen. *So–Do 20–2, Fr und Sa bis 3 Uhr | Poststr. 10 | 04932/13 66*

■ ÜBERNACHTEN
AQUAMARIN [120 A3]
Kleines, von der Inhaberin Heidi Daniel sehr persönlich geführtes Galeriehotel mit geschlossener Veranda und Dachgarten. Die unterschiedlich geschnittenen Zimmer, Flure und Frühstücksraum sind mit wechselnden Werken ostfriesischer Künstler geschmückt, die gesamte Möblierung verrät Kunstsinn auch im Detail. *10 Zi. | Friedrichstr. 51 | Tel. 04932/928 50 | Fax 92 85 28 | www.hotel-aquamarin-norderney.de | €€*

GOLF-HOTEL [116 C6]
Modernes Hotel auch mit Apartments nahe den Dünen am Golfplatz. Meerwasserschwimmbad, Whirlpool, Tennisplatz. *31 Zi. und Apts. | Am Golfplatz 1 | Tel. 04932/89 60 | Fax 896 66 | www.golf-hotelnorderney.de | €€€*

NORDERNEY

INSELHOTEL KÖNIG [120 B3–4]
Das traditionelle Szenehotel der Insel mit Bülow-Bar und Erlebnisrestaurant, Tanzinsel, Bierstube sowie einer Saunalandschaft. *48 Zi. | Bülowallee 8 | Tel. 04932/80 10 | Fax 80 11 25 | www.inselhotel-koenig.de | €€–€€€*

LANDHUIS AM DENKMAL [120 B2]
Hotelpension in einem schön restaurierten klassizistischen Haus, direkt dere Familien und Körperbehinderte ideal. Die Zimmer und Bäder des Jugendstilhotels sind groß und individuell mit Echtholzmöbeln aus Lebenshilfewerkstätten eingerichtet. Zwischen Neuem und Altem Kurpark gelegen, Ruhe garantiert. Allergikerfreundlich und Nichtraucherhotel. *Marienstr. 18 | Tel. 04932/934 10 | Fax 93 41 11 | www.ferienhotel-wuppertal.de | €€*

Mitten in der Fußgängerzone: Das Inselhotel König lockt mit guter Küche und Saunalandschaft

im Zentrum gelegen. *11 Zi. | Friedrichstr. 21 | Tel. 04932/938 30 | Fax 93 83 30 | www.landhuis-norderney.de | €€*

WUPPERTAL [121 D3]
Im ehemals ersten Inselkrankenhaus und späteren Kinderkurheim der Stadt Wuppertal wohnen insbeson-

FREIZEIT & SPORT
BADE:HAUS ★ [120 B4]
Europas ältestes Meerwasserwellenbad – nun modern „bade:haus" genannt – wurde ganz neu gestaltet. Die Wasserebene steht für Thalasso-Anwendungen drinnen und draußen, die Feuerebene für Saunalandschaft und warme Schlickbäder. Die Erlebnis-

74 | 75

ebene lockt mit Brandungsbecken und 60 m langer Riesenrutsche. *Öffnungszeiten saisonabhängig | Am Kurplatz | www.badehaus-norderney.de*

AUSKUNFT

KURVERWALTUNG [120 B4]
Am Kurplatz, 26535 Norderney | Tel. 04932/89 10 | Fax 89 11 12 | www.norderney.de

zum schleswig-holsteinischen Kreis Pinneberg. Die Hauptinsel ragt als roter, 60 m hoher Felsen aus dem Meer. Er besteht größtenteils aus Buntsandstein, dessen Rotfärbung oxydierende Eisenbeimengungen hervorrufen. Der Ort *Helgoland* (1542 Ew.) ist dreigeteilt. Er besteht aus dem *Unterland* mit Kur- und Verwaltungseinrichtungen und dem

Helgolands Wahrzeichen ist die Lange Anna – zu ihrem Schutz wird viel getan

AUSFLUGSZIELE

Schiffsausflüge werden außer nach Helgoland auch nach Baltrum, Juist Langeoog und zu den Seehundsbänken angeboten. Auch Abendfahrten. *Info: www.frisia-reederei.de*

HELGOLAND [U E7]
Helgoland liegt 70 km vor der Küste in der Deutschen Bucht und gehört

Oberland mit Schule und Kirchen sowie dem kleinen *Mittelland* mit Krankenhaus.

Der Felsinsel in 1,5 km Entfernung vorgelagert ist die sogenannte *Düne* mit zwei Badestränden und dem Flugplatz. Fähren pendeln ständig zwischen Hauptinsel und Düne hin und her. Zwischen Düne und Fels liegen im Sommer häufig bis zu sie-

> *www.marcopolo.de/ostfrieslandinseln*

NORDERNEY

ben Ausflugsdampfer vor Anker, die täglich bis zu 7000 Passagiere nach Helgoland bringen. Um an Land zu kommen, müssen Sie in Börteboote umsteigen: offene Motorboote aus Eichenholz, die bis zu 50 Fahrgästen Platz bieten. Die Aufenthaltsdauer auf Helgoland beträgt für Tagesausflügler meist drei bis vier Stunden. Das ist ausreichend Zeit für einen etwa einstündigen, 3 km langen Rundgang um das Oberland auf dem Klippenrandweg, eine Kaffeepause und einen Einkaufsbummel.

Vom Kurplatz am Anleger führt der *Lung Wai* als Hauptstraße durch das Unterland zum Fahrstuhl und zur Treppe aufs Oberland. 182 Stufen oder eine kurze Fahrstuhlfahrt trennen Unter- und Oberland. Folgen Sie oben dem rot gepflasterten Klippenrandweg im Uhrzeigersinn, kommen Sie zunächst zur Aussichtsplattform des *Lummenfelsens,* an dem zwischen April und Juni weit über 1000 Trottellummen nisten. Höhepunkt des Spaziergangs ist der Anblick des Helgoländer Wahrzeichens, der *Langen Anna.* Der 48 m hohe, frei stehende Fels direkt vor der Felsküste war bis 1860 durch einen natürlichen Felsbogen mit der Insel verbunden. Immer wieder fraß die Brandung im Lauf der Jahrtausende Tore in den Fels. Die Torbögen brachen später ein, einzelne Felsen blieben erhalten, bis auch sie dem Meer zum Opfer fielen. Um solch einem weiteren Abbrechen Helgolands vorzubeugen, erbaute man die 1300 m lange Uferschutzmauer, die auch für den Erhalt der Langen Anna sorgt.

Auf dem Rückweg in den Ort führt vom Klippenrandweg eine Treppe hinunter auf das Nordostland mit dem Fußballplatz und der Jugendherberge der Insel. Dieses Areal ist wie weite Teile der Düne Neuland, das in nationalsozialistischer Zeit künstlich aufgespült wurde. Hinunterzugehen lohnt für Tagesbesucher kaum; schöner ist es, sich kurz vor der Rückkehr zum Fahrstuhl noch auf die Panoramaterrasse des *Cafés Krebs* zu setzen, von der Sie über die Reede mit den Ausflugsdampfern und die Badeinsel auf die offene See blicken.

Tagesschiffsausflüge nach Helgoland werden im Sommer von allen Ostfriesischen Inseln angeboten. Die Fahrzeit beträgt zwischen 2 ½ und 3 Stunden, der Katamaran von Norderney benötigt nur 90 Min. Flugzeuge fliegen von allen Inseln außer Spiekeroog.

Weitere Infos zu Helgoland finden Sie im MARCO POLO „Ostfriesland".

> WAS DER ZOLL ERLAUBT
Helgoland ist von vielen Steuern befreit

Zigaretten und Spirituosen sind etwa 40 Prozent billiger auf Helgoland, für andere Waren entfällt zumindest die hohe Mehrwertsteuer. Ausgeführt werden dürfen pro Person ab 17 Jahren 200 Zigaretten, 1 l Spirituosen und zusätzlich Waren im Wert bis zu 175 Euro, darunter 5 kg Butter, 5 kg Käse sowie 500 g Kaffee, 100 g Tee, 50 g Parfüm und 250 ml Eau de Toilette.

> GRÜN UND TRADITIONS-VERBUNDEN

Auf Spiekeroog ist man noch mehr als auf den anderen Ostfriesischen Inseln auf Ruhe bedacht

> Spiekeroog [118–119 A–F5–6] ist anders. Das Inseldorf liegt schon seit 1600 an der gleichen Stelle, im historischen Ortskern mit engen Gassen stehen jahrhundertealte Häuser, hoch gewachsene Bäume und die älteste Kirche aller sieben Inseln.

Spiekeroog bietet mit seinen Linden und Kastanien ein noch dörflich anmutendes Ortsbild. Es gibt keinen Fahrradverleih, Fußgänger und Bollerwagen beherrschen die Szene.

Bild: Ein Krabbenkutter sticht in See

Zwischen Dorf und Strand liegt ein außergewöhnlich breiter, grün bewachsener Dünengürtel, den stellenweise Wäldchen durchziehen; selbst in den Mulden zwischen den Dünen hat man häufig kleine Baumgruppen mit Erlen und Birken gepflanzt. Durch die Dünen führt ein dichtes Netz von Wanderwegen, an denen man immer wieder Fasane sieht; ☼ Aussichtsdünen gewähren prächtige Blicke über die einzigartige Land-

SPIEKEROOG

schaft bis weit hinüber zum markanten Westturm von Wangerooge. Durch die Salzwiesen im Osten der Insel führt kein einziger gepflasterter Weg. Priele, die dort die jungen Dünen umlagern, und weitläufige Brackwasserflächen verleihen der Ostplate ihren landschaftlichen Reiz.

Spiekeroog (790 Ew.) hat erst aus Verschlafenheit und dann bewusst darauf verzichtet, modischen Trends im Tourismus zu folgen. Das hat der Insel ihre Beschaulichkeit bewahrt und unter den Sieben eine Sonderstellung verschafft. Vor allem das touristische Angebot war bisher weitgehend im Besitz der Insulaner geblieben. Seit einigen Jahren hat jedoch der Bremer Reeder Niels Stolberg die Szene gründlich aufgemischt: ein hippes Hotel, schicke Ferienwohnungen, ein Szenerestaurant und ein modernes Kultur- und Seminarzentrum mit anspruchsvollem

Kursangebot haben Spiekeroog verwandelt und die Spiekerooger kommunalpolitisch entzweit. Manche sehen darin eine Aufwertung der Insel, andere eine ungewünschte Einmischung eines Binnenländers in ihre Geschicke.

früher auch als Bootsschuppen und Leichenhalle diente. Er birgt einen hölzernen Opferstock mit der eingeschnitzten Jahreszahl 1676 und sieben Apostelbildnisse. Im Kircheninnern hängen von der Decke zwei Schiffsmodelle herab; vorne rechts

In zwölf Minuten gelangen Sie mit der Pferdebahn vom Dorf Spiekeroog zum Westend

SEHENSWERTES
ALTE INSELKIRCHE ★ [118 A5]

Als 1696 diese älteste erhaltene Kirche der Ostfriesischen Inseln erbaut wurde, war sie groß genug, um die rund 100 Insulaner aufzunehmen. Heute wird die Kirche nur noch im Winter für Gottesdienste genutzt; für das gästereiche Sommerhalbjahr erbaute man ein neues Gotteshaus mit über 500 Plätzen.

Man betritt die kleine Kirche durch einen niedrigen Vorbau, der steht eine Renaissancekanzel aus dem 16. Jh. Besonders stolz sind die Spiekerooger auf die schöne Pietà, eine farbige Skulptur, die Maria mit dem vom Kreuz genommenen Jesus zeigt. Sie stammt wahrscheinlich von einem Schiff der spanischen Armada, die 1588 eine Seeschlacht gegen die Engländer verlor. Der Sturm trieb die Überreste der Flotte auseinander, die Schiffe strandeten und zerschellten an den Küsten Schottlands und Irlands – und eins am Strand von Spie-

> www.marcopolo.de/ostfrieslandinseln

SPIEKEROOG

keroog. So wurde hier bei Ausgrabungen 1861 vor dem Altar ein Grab mit einem Skelett und einem spanischen Degen gefunden. Auf dem Kirchhof entdeckte man auch spanische Münzen aus jener Zeit. Heute sind auf dem von Bäumen beschatteten Kirchhof noch Grabsteine aus dem 18./19. Jh. zu sehen, von denen zwei Gräber schöne Segelschiffreliefs tragen. *Tgl. 10–18 Uhr | Zugang von Süder- und Noorderloog aus*

KURIOSES MUSCHELMUSEUM   [118 A5]

Die ungewöhnlichste Muschelsammlung auf den Ostfriesischen Inseln präsentiert der Spiekerooger Dieter Schroeter. Er hat die etwa 1500 Muscheln und Meeresschnecken aus allen Weltmeeren nicht nur selbst zusammengetragen, sondern auch äußerst humorvoll und kreativ zusammengestellt. Ihnen sind keine wissenschaftlichen Namen zugeordnet, sondern assoziative Titel, die zum Schmunzeln anregen. *Mo–Fr 10–17, Sa/So 10–13 Uhr | Haus des Gastes | www.kuriosesmuschelmuseum.de*

KURPARK   [118 A5]

Der 1985 in seiner heutigen Form eingeweihte Kurpark ist der schönste der Inseln. Reicher Baumbestand und kleine Wasserläufe bilden einen naturnahen Kontrast zum gartenarchitektonisch durchgestalteten Teil vor dem Musikpavillon.

MUSEUMSPFERDEBAHN   [118 A5] Insider Tipp

Seit 1981 verkehrt auf Spiekeroog die einzige Museumspferdebahn Deutschlands. Zwölf Minuten dauert die Fahrt vom ehemaligen Bahnhof zum Westend. Die erste Pferdebahnlinie Spiekeroogs wurde 1885 in Betrieb genommen. Sie führte 1660 m weit vom Dorf zum Herrenbadestrand im Inselwesten. 1892 schuf man zum damals neu erbauten Schiffsanleger eine Abzweigung, die unterhalb des hölzernen Stegs auf dem Wattboden endete. Um die Passagiere abzuholen, mussten die Pferde oft bis zum Bauch ins Wasser gehen. Erst 1949 wurde der Anleger so umgebaut, dass die Schienen auf den Brückenkopf geführt werden konnten. 1934–45 bediente die Pferdebahn auch Spiekeroogs damaligen Flugplatz. 1949 ersetzte eine modernere Inselbahn mit Dieselloks die Pferdebahn, die zuletzt bis zu 36000 Fahrgäste im Jahr transportierte. Mit der Einweihung des neuen Hafens 1981 kam auch deren Ende. *Abfahrtszeiten im Hochsommer Di–So 14, 15 und 16 Uhr*

OSTPLATE ★   [118 B–C5]

Spiekeroog ist in den letzten 100 Jahren stärker als jede andere Ostfriesische Insel nach Osten hin gewachsen. Jenseits der Hermann-Lietz-Schule und des Quellerdünenheims entstand eine gewaltige Sandplate von 7 km Länge und bis zu 2,5 km Breite, die

MARCO POLO HIGHLIGHTS

★ **Alte Inselkirche**
Ein romantisch anmutender Bau aus dem späten 17. Jh. und seine spanische Pietà (Seite 80)

★ **Ostplate**
Diese besonders schöne, nahezu wegelose Insellandschaft ist erst 100 Jahre alt (Seite 81)

sich weiter vergrößert (eine Sandplate ist eine große Sandbank, die nur bei Sturmfluten, nicht aber bei normaler Flut unter Wasser gerät). Überblicken Sie sie von Westen her, sehen Sie niedrige Dünen unterschiedlichen Alters und von vielen Wasserflächen durchzogene Salzwiesen. Überraschenderweise haben Sie Richtung Osten kein Sandmeer wie sonst, sondern ausgedehntes Grün vor sich. Dieses einzigartige Areal hat sich seit etwa 1935 nahezu ungestört von Menschen entwickeln können, sodass hier selten gewordene Pflanzen wie der Strandqueller, die gelb blühende Strandwinde und die Strand- oder Salzaster noch in größerer Zahl vorkommen. Außerdem ist die Ostplate Lebensgebiet zahlreicher Insekten und Brutstätte vieler Vögel wie Austernfischer, Eiderenten, Silber-

>LOW BUDGET

> Günstig, gut und stimmungsvoll satt wird man im alten Inselbahnhof, wo *Der Bahnhof* überwiegend italienische Gerichte für 5–10 Euro anbietet. Gäste, die im Apartment wohnen, können sich das Essen auch zum Mitnehmen einpacken lassen *(Westerloog 17 | Tel. 0476/14 15)*.

> Interessant sind die kostenlosen naturkundlichen Führungen mit einem der „Vogelzivis" (Zivildienstleistende des *Niedersächsischen Landesbetriebs für Wasserwirtschaft, Küsten- und Naturschutz*) zu den besten Beobachtungsplätzen. Termine über die ausgehängten Infoblätter der Kurverwaltung oder unter *http://vogelzivis. de/besucher/veranstaltungen*.

möwen, Zwergseeschwalben, See- und Sandregenpfeifern. Die gesamte Ostplate darf nur auf wenigen, gut markierten Wegen betreten werden, die jedoch während der Brutzeit von April bis Juli komplett gesperrt sind. Sie stehen oft unter Wasser – besser Gummistiefel anziehen!

SPIEKEROOGER INSELMUSEUM [118 A5]

Das 1996 eröffnete Museum in einem kleinen Inselhaus zeigt ausgestopfte Vögel und Muschelschalen von den Inseln. Gerätschaften sowie viele historische Fotos illustrieren den Alltag der Menschen sowie das frühere Badeleben. *Di–Sa 15.30 bis 17.30 Uhr | Noorderloog 1*

UMWELTZENTRUM WITTBÜLTEN/ HERMANN-LIETZ-SCHULE [118 B5]

Die Ausstellung vermittelt anschauliche Informationen über die Gezeiten sowie Entstehung und Lebensräume der Insel. Im *Aquarium* wird die heimische Meeresfauna gezeigt, ergänzt vom 15 m langen Skelett eines Pottwals. Café, Museumsshop, Führungen und Vorträge gehören zum Angebot. *Mitte März–Mitte Nov. Di–So 11–17, sonst Di und Sa 11–17 Uhr | Eintritt 4 Euro | Hellerpad | www.wittbuelten.de*

Einer der Träger des Zentrums ist die unmittelbar benachbarte Hermann-Lietz-Schule. Das 1928 eröffnete, private Internat hat Platz für 98 Schüler der Klassen 7 bis 13, die sich sehr aktiv um die Ausstellung kümmern. Einer der Abiturienten der Schule, die sich an einem auf ganzheitliche Erziehung ausgerichteten Konzept des Reformpädagogen Hermann Lietz (1868–1919) orientiert,

SPIEKEROOG

war 1930 der Raketenforscher Wernher von Braun. *www.hl-schule.de*

WEISSE DÜNEN [118 A5]
Die eindrucksvollen Sanddünen nördlich des Kurzentrums erreichen zum Teil stattliche 24,5 m – die höchste Erhebung in Ostfriesland!

SPIEKEROOGER LEIDENSCHAFT ▶▶ [118 A5]
Insider Tipp

Das Restaurant bringt den Zeitgeist auf die Insel: innen minimalistisch, auf der Terrasse Tropenholzmöbel. In der Küche werden moderne Varianten klassischer und regionaler Spezialitäten gepflegt. *Noorderpad 6*

Auch die von Wasserflächen durchzogenen Salzwiesen der Ostplate stehen unter Naturschutz

ESSEN & TRINKEN

DAS ALTE INSELHAUS [118 A5]
Stimmungsvolles Café und Restaurant im ältesten Haus des Dorfes (um 1700). Deftige Gerichte für den großen Hunger dominieren auf der Speisekarte, nachmittags erhalten Sie hier auch selbst gebackenen Kuchen. *Süderloog 4 | Tel. 04976/473 | €*

INSEL-CAFÉ
Von dem großen Tortenangebot ist die Sanddorntorte besonders empfehlenswert. *Mo geschl. | Noorderloog 13 | Tel. 04976/91 20 10 | www.insel-cafe.com | €€*

| Tel. 04976/706 00 | www.spiekerooger-leidenschaft.de | €€–€€€

SPIEKEROOGER TEESTUBE [118 A5]
Restaurant und Café in einem restaurierten, über 200 Jahre alten Inselhaus. Spezialität ist der Spiekerooger Hafenteller: Steinbeißer mit Miesmuscheln und Nordseekrabben in Hummersoße. *Außerhalb der Schulferien Mo geschl. | Noorderpad 1 (Eingang Noorderloog) | Tel. 04976/204 | €€*

TEETIED IN'T WITTHUUS [118 A5]
Das historische Gebäude birgt eine gemütliche ostfriesische Teestube.

Friesenflair in einem Wald von Kletterrosen: das Hotel Zur alten Inselkirche

Nachmittags werden Obstkuchen der Saison und frische Butterwaffeln mit heißen Kirschen serviert, abends kommen gutbürgerliche Gerichte auf den Tisch. *Süderloog 1 | Tel. 04976/ 15 93 | €–€€*

■ EINKAUFEN

GALERIE GOOS [118 A5]

Zeitgenössische Kunst, viel Malerei und Druckgrafik, auch kleine Kunstobjekte. *Mo–Sa 10–12, Mo–Fr auch 16–18 Uhr | Norderloog 6*

■ AM ABEND

BLANKER HANS [118 A5]

Urgemütliche Bierkneipe in mehreren kleinen Räumen; immer gut besucht. TV-Sportübertragungen. *Ganzjährig tgl. ab 17 Uhr | Wuppspoor 2*

KINO [118 A5]

Ständig wechselndes Angebot aktueller Filme. *Kursaal*

LARAMIE ▶▶ [118 A6] *Insel Tip*

20 Gehminuten westlich des Dorfzentrums steht das ungewöhnlichste Lokal der sieben Inseln. Der Bau entstand vor rund 100 Jahren als erstes Warmbad der Insel für Wannenbäder mit erwärmtem Meerwasser. 1934 bis 1945 diente er als Flughafenabfertigungsgebäude. Nachmittags wird Kaffee und Kuchen angeboten; abends trifft man sich bei Flaschenbier, kickert, flippert oder spielt Billard. *Tgl. 14–17 und ab 21, außerhalb der Hauptsaison nur ab 20 Uhr*

■ ÜBERNACHTEN

HAUS KLASING ☼ [118 A5] *Insel Tip*

Handyfreies Nichtraucherhaus mit Vollwertfrühstück außerhalb des Orts auf einer Düne mit Blick auf Nordsee und Wattenmeer. Auch der ehemalige Bundespräsident Richard von Weizsäcker war hier zu Gast. *8 Zi. | Westend 10 | Tel. 04976/230 | Fax 99 00 01 | www.haus-klasing.de | €–€€*

INSELFRIEDE ♨ [118 A5] *Insel Tip*

Hotel mit kleinem Hallenbad; dazu ein Neubau mit Allergikerzimmern, und Irish Pub. *41 Zi. und 8 Apts. | Süderloog 12 | Tel. 04976/919 20 | Fax 91 92 66 | www.inselfriede.de | €€€*

> *www.marcopolo.de/ostfrieslandinseln*

SPIEKEROOG

SPIEKEROOGER LEIDENSCHAFT ▶▶ 🔊 [118 A5]

Das Szenehotel der Insel, zu dem auch vier über den Ort verteilte Apartmenthäuser gehören (teils auch günstiger über Hotelagenturen wie *www.hotel.de* zu buchen). *52 Zi. und Apts. | Noorderpad 6 | Tel. 04976/ 706 00 | Fax 70 60 99 | www.spieker ooger-leidenschaft.de | €€ – €€€*

STRANDIDYLL [118 A5]

Gepflegte Hotelpension garni mit Sauna in einem architektonisch ansprechenden Haus. Auch Ferienwohnungen. *12 Zi. | Wittdün 1 | Tel. 04976/358 | Fax 15 68 | www.strand idyll-spiekeroog.de | €€*

ZUR ALTEN INSELKIRCHE [118 A5]

Kleines Hotel in einem alten Inselhaus im Ortskern. *9 Zi. | Noorderloog 4 | Tel. 04976/910 50 | Fax 91 05 25 | www.spiekeroog-online.de | €€*

ZUR LINDE [118 A5]

Das einladende, traditionsreichste Hotel der Insel, 1856 als Gasthof erbaut und seit 1904 in Familienbesitz, steht direkt im Ortszentrum nahe der alten Inselkirche. Große Liegewiese hinterm Haus. *19 Zi. | Noorderloog 5 | Tel. 04976/919 40 | Fax 91 94 30 | www.linde-spiekeroog.de | €€€*

■ FREIZEIT & SPORT ■

GALERIE UND KÜNSTLERHAUS [118 A5]

Mit dem Künstlerhaus, seinen Workshops, seinem Café und seinen Wechselausstellungen ist Spiekeroog zu einem Zentrum der zeitgenössischen Kunst auf den Inseln avanciert. Man kommt nur zum Schauen oder um selbst kreativ tätig zu werden: als Fotograf, als Maler und Bildhauer, als Krimiautor oder als Goldschmied. *Achter d' Diek 3 | Tel. 04976/706 00 und 0421/46 04 44 40 | www.kuenst lerhaus-spiekeroog.de*

SCHWIMMDOCK [118 A5]

30 Grad warmes Meerwasser füllt das 25 mal 10 m große Becken, in dem es allerdings keine Wellen gibt. Sauna. *Tgl. 9–12, Mo, Mi, Fr 15–20, Di und Do 15–19, Sa 14–18 Uhr | Kurzentrum*

■ AUSKUNFT ■

KURVERWALTUNG [118 A5]

Noorderpad 18, Postfach 11 60, 26466 Spiekeroog | Tel. 04976/ 919 31 01 | Fax 919 32 13 | www. spiekeroog.de

■ AUSFLUGSZIELE ■

Während der Saison werden Ausflugsfahrten nach Helgoland und Norderney angeboten.

❯ MERKSPRUCH
Die Reihenfolge der Ostfriesischen Inseln

Wilhelmshavener Matrosen der Kaiserzeit haben den Satz erfunden, mit dessen Hilfe Sie sich die Reihenfolge der Ostfriesischen Inseln von Ost nach West merken können: „Welcher Seemann liegt bei Nanni im Bett?" W steht für Wangerooge, S für Spiekeroog, L für Langeoog, B für Baltrum, N für Norderney, I für Juist und das zweite B für Borkum.

> EIN SCHIFF WIRD KOMMEN

Vor dem Strand der östlichsten Ostfriesischen Insel ziehen dicke Pötte aus aller Welt vorbei

> **Den Urlaub im eigenen Land genießen und dennoch intensiv von der großen weiten Welt träumen – das können Sie auf Wangerooge [119 D–F 4–5].**
Tanker, Frachter, Containerschiffe und manchmal sogar ein eleganter Kreuzfahrer passieren Wangerooge (1240 Ew.) bei Tag und Nacht in sicherem Abstand und doch nah genug, um sie auch bei mäßiger Sicht gut erkennen zu können. Drei bedeutende Schifffahrtswege staffeln sich vor Wangerooge dicht hintereinander: die Einfahrt in den Jadebusen mit dem Öl- und Marinehafen Wilhelmshaven, die Einfahrt in die Wesermündung mit den großen Häfen von Bremerhaven und Bremen und – weiter draußen – die Seefahrtsstraße nach Hamburg.

Nicht immer hat die exponierte Lage Wangerooge Glück gebracht: Ihrer strategischen Bedeutung wegen musste die Insel noch am 25. April

Bild: Blick über Wangerooge

WANGEROOGE

1945 den schwersten Bombenangriff hinnehmen, dem die Ostfriesischen Inseln je ausgesetzt waren. Schon 90 Jahre vorher hatte eine Naturkatastrophe Wangerooge getroffen: 1854/55 zerstörten schwere Sturmfluten das alte Inseldorf am Westturm, was die meisten Insulaner zur Abwanderung aufs Festland veranlasste. Nur einige Unentwegte blieben auf dem Eiland und errichteten das neue Dorf in der Inselmitte. So stehen denn hier nur wenige ältere Häuser wie der Bahnhof von 1906.

Mit der Zedeliusstraße beginnt dort die Flaniermeile Wangerooges, die 600 m weit bis an den Strand führt. Sturmfluten haben – zuletzt 1962, 1973, 1976 und 1994 – die Stranddünen an vielen Stellen bis auf ein schmales Steilkliff abgetragen, sodass Wangerooge heute als einziges Dorf der Inseln fast unmittelbar am Badestrand liegt.

Im Osten ist Wangerooge in den letzten 300 Jahren um 2,5 km gewachsen. Zu den eindrucksvollsten Urlaubserlebnissen gehört eine Wanderung durch dieses abwechslungsreiche Neuland.

Der alte Leuchtturm dient heute als Inselmuseum

SEHENSWERTES

EHRENMAL HARTMANNSTAND [119 E4]

Ein dunkles Holzkreuz auf einer Düne im westlichen Teil der Uferpromenade kennzeichnet den ehemaligen Bunker Hartmannstand. Dort starben im Zweiten Weltkrieg beim großen Bombenangriff vom 25. April 1945 14 Soldaten und 6 Wehrmachtshelferinnen – „fürs Vaterland", wie eine immer noch unverändert angebrachte Inschrift verkündet. *Zugang vom Abenteuerspielplatz und vom Surfkiosk aus*

INSELMUSEUM ALTER LEUCHTTURM ★ ☼ [119 E5]

Der 1856 fertiggestellte, schwarz-rot-weiße Leuchtturm nahe dem Bahnhof ist das älteste noch erhaltene Bauwerk der Insel. Bis 1896 trug er ein Petroleumfeuer, dann wurde auf elektrische Bogenlampen umgestellt. Mit der Inbetriebnahme des neuen, vollelektrischen Leuchtturms im Westen Wangerooges verlor er 1969 seine Funktion für die Schifffahrt. 1972 wurde er zunächst als Aussichtsturm fürs Publikum zugänglich, seit 1980 beherbergt er das Heimatmuseum der Insel. In der früheren Wachtstube kann man sich trauen lassen.

Im Vorgarten sind u.a. die Helmstange des alten Westturms und eine 1929 erbaute Dampflok zu sehen, die bis 1955 für die Inselbahn im Einsatz war und in dieser Zeit auf den Inselgleisen 353 025 km zurücklegte.

Im Erdgeschoss des 39 m hohen Turms befinden sich zahlreiche Dokumente zur Inselgeschichte. Wenn Sie die 161 Stufen erklimmen, haben Sie an klaren Tagen einen Blick bis zum 43 km entfernten Helgoland. *Sehr häufig wechselnde Öffnungszeiten | Bahnhofstr. | www.leuchtturm-wangerooge.de*

> www.marcopolo.de/ostfrieslandinseln

WANGEROOGE

KATHOLISCHE KIRCHE [119 E5]
In der 1961 gebauten Kirche *St. Willehad* faszinieren die beiden durchfensterten Wände mit farbigen Glasmosaiken, mit denen der Maler Rudolf Krüger biblische Ereignisse ins Gedächtnis ruft. Thema der in glühendem Rot gehaltenen Nordwand sind die Kreuzwegstationen. Die Südwand zeigt biblische Motive, die mit dem Wasser in Verbindung stehen, darunter Adam und Eva, Noah in der Arche sowie Jonas im Maul des Walfisches. *Tagsüber geöffnet | Westingstr.*

KRIEGSGRÄBERSTÄTTE [119 E5]
In einem Dünental am Fußweg zum Westen birgt ein Kiefernwäldchen eine kreisrunde Gedenkstätte, in der kleine Ziegel und große Sandsteinplatten die Namen von Kriegstoten verkünden, die hier bestattet sind: deutsche Soldaten und Opfer des Bombenangriffs vom 25. April 1945 sowie etwa 60 der insgesamt über 800 ausländischen Zwangsarbeiter, die ab 1940 zum Bau des Flugplatzes und anderer militärischer Anlagen auf der Insel eingesetzt waren. Sie stammten aus Polen, der Sowjetunion, Frankreich, Belgien, Holland und Marokko. *Tagsüber frei zugänglich | Fußweg zum Westen*

NEUER LEUCHTTURM [119 D5]
Das höchste Bauwerk der Insel ist mit 67,2 m der 1969 in Betrieb genommene neue, vollautomatisch arbeitende Leuchtturm. Die Lichter auf Höhe der unteren Plattform dienen der Schifffahrt im Nahbereich; der alle 4,9 Sekunden aufblinkende rote Lichtstrahl ganz oben leuchtet 56 km weit in die Deutsche Bucht hinein. *Innenbesichtigung und Besteigung nicht möglich, am Weg von der Saline zum Alten Westturm*

ROSENHAUS UND -GARTEN [119 E4]
Der schon 1928 angelegte kleine Park mit weiter Rasenfläche und schönen Rosenbeeten wird durch den Musikpavillon, in dem bei gutem Wetter die Kurkonzerte stattfinden, zum Kurpark der Insel.

An seinem Ostende ist im Rosenhaus das *Informationszentrum des Nationalparks Niedersächsisches Wattenmeer* eingerichtet. Eine kleine

MARCO POLO HIGHLIGHTS

★ **Inselmuseum Alter Leuchtturm**
Lokale Sammlerobjekte im Alten Leuchtturm (Seite 88)

★ **Katholische Kirche**
Beeindruckende Sakralkunst (Seite 89)

★ **Westturm**
Originellste Jugendherberge der Ostfriesischen Inseln (Seite 90)

★ **Café Pudding**
Rund wie ein Pudding ist das Café, in dem Sie Ihren Kuchen mit Blick auf dicke Pötte genießen können (Seite 91)

★ **Strandhotel Upstalsboom**
Alles für die Wellness anspruchsvoller Gäste in einem modernisierten alten Inselhotel (Seite 93)

88 | 89

Ausstellung klärt über Tiere, Pflanzen und Ökologie in Watt und Nordsee auf, mehrmals täglich werden Filme gezeigt. Außerdem bietet das Nationalparkhaus Vorträge, naturkundliche Wanderungen und Fahrradtouren sowie Kinderstunden an. Veranstaltungspläne hängen im Ort aus. *Rosenhaus 15. März–Okt. Mo bis* nellsten deutschen Jugendherbergen. 124 Eisenbetonpfähle von 6 m Länge und 30 cm Dicke bilden das Gerüst für den Turm, der aus etwa einer halben Million Klinkersteinen erbaut wurde. In seinen Grundformen ist er ein Nachbau des alten Wangerooger Westturms aus der Zeit um 1600. Wegen seiner Bestimmung als Ju-

Café Pudding: rund wie die hier servierten Süßspeisen und mit freiem Blick bis zum Horizont

Fr 9–13 und 14–18, Sa/So 10–12 und 14–17, Nov.–14. März Mo–Fr 10–13 und 15–17, Sa/So 14–17 Uhr | Eintritt frei | Friedrich-August-Str. 18 | Tel. 04469/89 54 | www.national parkhaus-wangerooge.de

WESTTURM ★   [119 D5]
Das weithin sichtbare Wahrzeichen Wangerooges erhebt sich seit 1933 über 56 m hoch am Westende der Insel. Es ist die Heimat einer der origi-

gendherberge musste er jedoch zahlreiche Fenster erhalten.

Der alte Westturm mit seinen bis zu 2,20 m dicken Mauern trotzte allen Sturmfluten und diente bis 1914 über 300 Jahre lang den Schiffern als markantes Seezeichen. Er war auf Drängen der Bremer Kaufmannschaft zwischen 1597 und 1602 entstanden. Sie benötigten einen Ersatz für den 1595 endgültig eingestürzten Turm der Nikolaikirche

> *www.marcopolo.de/ostfrieslandinseln*

WANGEROOGE

im ersten Wangerooger Dorf. Im Schatten des Turms lag Anfang des 17. Jhs. Wangerooges zweites Dorf. Der Turm selbst wurde als Gefängnis und Lager für Strandgut, für Wohnzwecke und als Kirche genutzt. Sein Ende kam Weihnachten 1914: Man sprengte ihn, damit er feindlichen Schiffen nicht als Orientierung dienen konnte.

Der alte Westturm stand nicht an der Stelle des heutigen. Dessen Fundamente sind bei Niedrigwasser noch an einer Buhne schräg gegenüber vom Hammer Landschulheim in der Nordwestecke der Insel zu sehen. *Westturm nur für Jugendherbergsgäste zugänglich, sonst keine Innenbesichtigung möglich*

◼ ESSEN & TRINKEN

CAFÉ PUDDING ⭐ 🔆   [119 E4]
Der markante Rundbau am Schnittpunkt zwischen der Haupteinkaufsstraße der Insel und der Strandpromenade bietet zu Kaffee und Kuchen (hauseigene Konditorei), aber auch zum Mittag- und Abendessen einen großartigen Panoramablick auf den Strand und das Meer. *Außer im Juli/Aug. Di geschl. | Zedeliusstr. 49 | Tel. 04469/220 | €€*

FISCHRESTAURANT KRUSE   [119 E5]
Gute Portionen und freundlicher Service. Neben frischem Fisch stehen auch Fleischgerichte auf der Karte. *Mo mittags geschl. | Elisabeth-Anna-Str. 17 | Tel. 04469/14 14 | €*

INSELBÄCKEREI KRUSE   [119 E5]
Hier wird ganzjährig noch alles selbst gebacken. Besonders stolz sind die Bäcker auf ihre *Seelen*, eine leckere Brötchenspezialität. An drei Tischen auf der Terrasse kann man Kuchen und belegte Brötchen auch im Sitzen verzehren. *Zedeliusstr. 18 | Tel. 04469/221 | €*

JAN SEEDORF   [119 E5] *Insider Tipp*
Restaurant außerhalb des Dorfes. Friesische Spezialitäten wie Krabbenomelette, Aalsuppe und Speckpfannkuchen, stets frisch zubereitet. Reservierung notwendig. *Straße zum Westen 72 | Tel. 04469/387 | €€€*

NEUDEICH   [119 F5]
Gemütliches Ausflugslokal mit schöner Terrasse und freundlichem Wirt im Osten der Insel. Bekannt für große Portionen und gute Schnitzel. Nachmittags große Kuchenauswahl. *Di geschl. | Straße zum Osten | Tel. 04469/272 | €€*

▶ LOW BUDGET

▸ Einzelreisende zahlen fürs Doppelzimmer in der *Pension Teestube* nur 25 Euro/Nacht, bei Zweierbelegung ist es für 50 Euro zu haben. Etagenduschen und -toiletten sind pieksauber, das Restaurant mit gemütlicher Teestube direkt im Haus wird schnell zum preiswerten Stammlokal, in dem der Eisbecher zum Mittagessen immer schon im Preis inbegriffen ist (*Friedrich-August-Str. 13 | Tel. 04469/256 | Fax 94 23 97 | www.wangerooge-teestube.de*).

▸ Deftiges Essen für 4–10 Euro genießen Sie auf der gemütlichen Terrasse der *Metzgerei Drees (Zedeliusstr. 41)*. Es bietet tolle Qualität zum budgetfreundlichen Preis.

SCHNIGGE [119 E4]
Restaurant und Café mit guter Küche und Sonnenterrasse. *Strandpromenade 27 | Tel. 04469/94 68 40 | www.restaurant-schnigge.de | €€*

TEESTUBE [119 E5]
Restaurant, Teestube und Kneipe mit einem erzählfreudigen Wirt, dessen Vater mehrere Inselbücher geschrieben hat. Sein besonderes Interesse gilt der Inselgeschichte. Einige Ergebnisse seines Sammlerfleißes sind im Lokal zu sehen, andere im Inselmuseum. Die Galerieräume wurden seit über 50 Jahren kaum verändert; an vielen Nachmittagen hält der Senior hier kenntnisreiche Diavorträge zur Inselgeschichte. Die Speisekarte ist auf den großen Appetit abgestimmt, aber es gibt auch besonders preiswerte Gerichte für Senioren, Vegetarier und Kinder. *Friedrich-August-Str. 13 | Tel. 04469/256 | €€*

EINKAUFEN

COLLAGE GALERIE [119 E5]
In der Galerie zeigt die Künstlerin Monika Ploghöft Aquarelle und Gemälde, Sgraffitobilder, Leporellos, Texte, Porzellan und Schmuck – alles eigene Arbeiten. *Charlottenstr. 25 | www.ploghoeft.de*

INSELSTUDIO [119 E4]
Hier finden Sie originellen, oft auch inselbezogenen Gold- und Silberschmuck aus eigener Herstellung. *Zedeliusstr. 34*

AM ABEND
KINO [119 E4]
Nach amerikanischem Vorbild eingerichtetes Verzehrkino im *Hotel Han-*

ken mit mehreren Vorstellungen täglich. *Zedeliusstr. 38 | Tel. 04469/87 70*

TREIBSAND ▶▶ [119 E4]
Café, abends Bistro und Kneipe mit Terrasse auf der Flaniermeile; Treffpunkt bis zum frühen Morgen. In der Hauptsaison treten Bands auf, die vorwiegend Oldies spielen. Großbildleinwand für Sportübertragungen. *Mo–Sa 9.30 bis mindestens 2 Uhr | Zedeliusstr. 32*

ÜBERNACHTEN
ATLANTIC [119 E5]
Kleines, sehr gut geführtes Hotel garni mit schönem Garten nahe der Strandpromenade. *16 Zi. | Peterstr. 13 | Tel. 04469/18 01 | Fax 14 64 | www.atlantic-wangerooge.de | €€*

HAUS HELENA [119 E5]
Einfache, preiswerte Pension in einer alten Villa, mit Gästeküche und windgeschützter Terrasse. *8 Zi. | Bahnhofstr. 1 | Tel. 04469/550 | Fax 94 23 28 | www.haus-helena-wangerooge.de | €*

LILIPUT [119 E5]
Das kleinste Ferienhaus der Insel bietet auf über zwei Ebenen verteilte 25 m² alles, was ein Einzelgast oder ein Paar, das gern nah zusammen ist, braucht – Küche, Esstisch, Bettwäsche und Handtücher inbegriffen. *Charlottenstr. 25 | Tel. 04469/482 | www.ploghoeft.de | €*

MÜHLENHOF [119 E5]
Ferienwohnungen für 2 bis 4 Personen in einem modernen Fachwerkhaus im Ostteil des Dorfes. Schöner Garten, Liegewiese und Ententeich.

> *www.marcopolo.de/ostfrieslandinseln*

WANGEROOGE

3 Apts. | Richthofenstr. 11 | Tel. 04469/312 | €€

STRANDHOTEL UPSTALSBOOM ⭐ 🔊 [119 E4]
Moderner Komfort in einem alten Inselhotel an der Strandpromenade. Schwimmbad, Sauna, Kosmetikstudio und eigene Kurabteilung. *77 Zi. | Strandpromenade 21 | Tel. 04469/ 87 60 | Fax 87 65 11 | www.upstalsboom.de | €€€*

■ FREIZEIT & SPORT

MEERWASSER-FREIZEITBAD OASE [119 E4]
Das Hallenbad an der Strandpromenade wurde 1994 um ein beheiztes Freibad ergänzt. Im überdachten 25-m-Becken wird das Wasser auf 28 Grad erwärmt. Für Freizeitspaß sorgen heiße Geysire, blubbernde Whirlpools und eine 70 m lange Wasserrutsche; dazu ein Kinderplantschbecken, Sauna und Solarien. *Saisonabhängige Öffnungszeiten | Uferpromenade*

Auf die Rutsche und ab geht's ins beheizte Meerwasser des Freizeitbads Oase

■ AUSKUNFT

KURVERWALTUNG WANGEROOGE [119 E5]
Strandpromenade 3, 26476 Wangerooge | Tel. 04469/990 | Fax 99 14 | www.wangerooge.de
Informationskiosk mit Zimmernachweis am Bahnhof. *Zedeliusstr.*

■ AUSFLUGSZIELE

Schiffsausflüge nach Helgoland und Spiekeroog, zum Krabbenfang und zu den Seehundsbänken.

> BEI WIND UND WETTER
Nur zu Fuß oder per Fahrrad kann man die Inseln ganz erkunden

Die Touren sind auf dem hinteren Umschlag und im Reiseatlas grün markiert

1 SPAZIERGANG AUF BALTRUM

Auf der kleinen Insel Baltrum brauchen Sie sich auch als Tagesausflügler nicht zu beeilen, wenn Sie die Insel gut kennenlernen wollen. Um Dorf und Insellandschaft zu erkunden, reichen 3 Stunden aus. Länge des Spaziergangs: rund 5,5 km.

Vom Anleger geht es zunächst an der Touristinfo vorbei zum Süderpaad. Rechter Hand steht das besuchenswerte Nationalpark-Informationszentrum *(S. 33)*. An der Post vorbei gehen Sie mit wenigen Schritten ins Ortszentrum direkt auf die Alte Kirche *(S. 32)* der Insel zu. Nach einem Blick hinein geht es auf der bescheidenen Haupteinkaufsstraße weiter zum Platz vor der Kurverwaltung; hier dann nach rechts und die nächste Straße wieder nach links hinein. Sie kommen zur Katholischen Inselkirche

Bild: Radfahrer auf Norderney

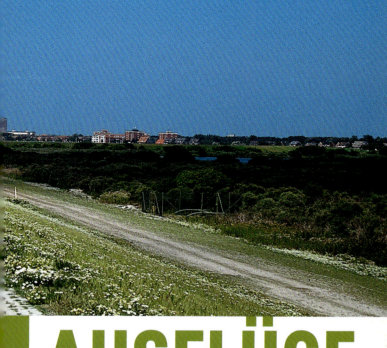

AUSFLÜGE & TOUREN

(S. 32) und am Ende der Straße zum Hotel Strandburg. An dieser Stelle führt der Weg weiter durch den Deich hindurch und dann wieder südwärts zum Süderpad. Er leitet Sie am Inselfriedhof mit sehenswerten Grabsteinen entlang und am Ostdorf vorbei. Auf dem Heller zwischen Wanderweg und Wattenmeer grasen Ponys und Pferde; Kühe gibt es auf ganz Baltrum nicht. Kurz hinter der Kläranlage zweigt ein kleiner, gepflasterter Weg nach schräg links zum Privatgelände eines Bibelkreisheims ab. Hier markieren zwei grün gestrichene Pfosten den Beginn eines gepflasterten Pfades quer durch das Baltrumer Dünental *(S. 32)* zum Strand.

Ein kurzer Abstecher nach links führt auf eine 19 m hohe ❋ Aussichtsdüne. Durch die Graudünen, in denen viele Hasen, Rehe und Fasane leben, wandern Sie nun weiter auf die Weißdünen zu, überqueren sie und gehen am breiten Strand entlang zurück ins Dorf.

2 RADTOUR AUF LANGEOOG

Die Schönheit Langeoogs erschließt sich Feriengästen wie Tagesbesuchern am besten bei einer Radtour in den Inselosten. Nach Möglichkeit sollten Sie sie nicht an einem Dienstag unternehmen, da dann das einzige Ausflugslokal am Ziel geschlossen ist. Räder können Sie gleich in Bahnhofsnähe mieten: im *Inselcenter (Barkhausenstr. 1–3 | Tel. 04972/91 92 31 | tgl. 9.30–12.50 und 13.50–16 Uhr)* oder beim *Fahrradverleih mit Herz (Lütje Pad 3a | Tel. 04972/847 | tgl. 9.30–12 und 15–17 Uhr | www.langeoog-fahrradverleih.de).* Länge der Radtour: rund 25 km, Dauer: 3 bis 5 Stunden.

Da die beiden Hauptstraßen des Inselstädtchens, die Haupt- und die Barkhausenstraße, zwischen März und Oktober 10–12.30 und 16–18 Uhr für Fahrräder gesperrt sind, ==beginnt die Tour auf Schleichwegen.==

Insider Tipp

Fahren Sie den Lütje Pad bis ans Ende, biegen Sie rechts in den Vormann-Otten-Weg ein, dann links in Am Wall, dann rechts in die Gartenstraße, an deren Ende links in den Polderweg und die erste rechts in die Willrath-Dreesen-Straße.

Schon sind Sie aus dem Ort heraus, radeln an Dünen entlang, an der **Seenotbeobachtungsstelle** *(S. 61)* und am Schießstand vorbei und überqueren den Seedeich. Nur geübte Trekkingbiker fahren geradeaus auf dem oft feuchten Sandweg weiter, den auch die Pferdekutschen benutzen; Normalradler folgen dem Pflasterweg. Er gabelt sich bald: Links fahren Sie später durchs Pirolatal in den Ort zurück, geradeaus können Sie zu Fuß über die Dünen zum Strand gehen, rechts geht die Tour weiter. Sie passieren zwei kleine Schutzhäuschen am Rande des **Großen Schlopp** *(S. 60)* und können dann einen Abstecher zur ☼ **Melkhörndüne** *(S. 59)* unternehmen. An der Jugendherberge vorbei radeln Sie weiter zum grünen Vogelwärterhäuschen, wo mehrere Bänke zur beschaulichen Rast einladen. Etwa eine Stunde nach Beginn der Tour sind Sie am Ausflugslokal **Meierei** *(S. 62).* Von hier aus führt der gepflasterte Weg noch etwa 2 km weiter bis in den äußersten Osten der Insel. Er endet direkt am Strand, über den Sie nun etwa 700 m bis zu einer ☼ Aussichtsplattform gehen. Dort können Sie durch ein fest installiertes Fernrohr die Seehundsbank betrachten und sogar Strandspaziergänger gegenüber auf Spiekeroog erkennen.

Zurück geht es auf gleichem Weg bis zur Abzweigung ins **Pirolatal** *(S. 60).* Leichte Steigungen und Kurven vermitteln einen Hauch von Alpengefühl, während Sie zwischen den Dünen hindurch bis zur Straße Gerksin-Spoor radeln. Dort erwartet Sie nach einer Besichtigung des **Dünenfriedhofs** *(S. 57)* das Lale-Andersen-Haus **Sonnenhof** *(S. 63)* mit einem Café. Zehn Minuten später sind Sie im Ortszentrum oder wieder am Bahnhof.

3 RADTOUR AUF NORDERNEY

Norderney besucht man nicht nur seiner Naturschönheiten wegen, sondern auch, um die entspannte Atmo-

> www.marcopolo.de/ostfrieslandinseln

AUSFLÜGE & TOUREN

sphäre des Städtchens und den Strand zu genießen. Während dieser Radtour bleibt auch für Tagesausflügler genügend Zeit für ein Sonnenbad und für einen Stadtbummel. Die Tour beginnt an der Windmühle. 300 m vom Anleger entfernt finden Sie den dem Hafen am nächsten gelegenen *Fahrradverleih (K. H. Reinke | Hafenstr. 1 | Tel. 04932/13 26)*. Länge der Radtour: rund 13 km, Zeitbedarf mit Pausen: rund. 3 Std.

Von der Windmühle *(S. 72)* aus fahren Sie zunächst die Mühlenstraße nordwärts und biegen dann mit rechts in die Jan-Berghaus-Straße ein. Auf dem Waldweg durchqueren Sie eine kiefernbestandene Braundünenlandschaft. Am Ende des Waldwegs bringt Sie der ausgeschilderte Wanderweg 2 auf den Zuckerpad, der Sie nun mitten durch die Dünen in ständigem Auf und Ab (Gangschaltung empfehlenswert!) an den Fuß einer ☼ Aussichtsdüne bringt. Von dort oben genießen Sie einen prächtigen Rundblick über Stadt und Insel.

Insider Tipp

Nächstes Ziel ist das Restaurant Weiße Düne *(S. 72)* am Rand des gleichnamigen Ostbadestrands – ein idealer Platz für ein Bad in der Nordsee oder zumindest für ein Sonnenbad. Anschließend geht es auf dem Wanderweg 2, das Wasserwerk passierend, zum Leuchtturm *(S. 70)*. Vorbei am Flugplatz und an einem Erlenwäldchen führt der ausgeschilderte Wanderweg 3 wieder in Richtung Westen. Kurz hinter dem Golfhotel wenden Sie sich dann nach links und folgen nun dem Wanderweg 4. Zwischen Dünen und dem Südstrandpolder führt er zurück zum Hafen und in die Stadt.

Startpunkt der Norderney-Radtour ist die Kornwindmühle, die heute ein Restaurant beherbergt

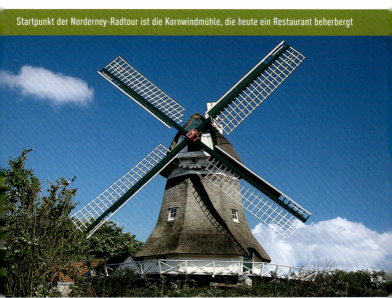

4 RUNDWANDERUNG AUF SPIEKEROOG

Die Wanderung macht Sie mit dem Ort und dem Westteil der Insel bekannt. Auch wenn Ihnen im Rahmen eines Tagesausflugs nur wenig Zeit für die Insel zur Verfügung steht, lernen Sie so ihre ganz unterschiedlichen Seiten kennen. Ausgangspunkt ist der Hafen. Länge der Wanderung: rund 8 km, Zeitbedarf: 2 bis 3 Stunden.

Ein breiter Fußweg, der nach Schiffsankünften einer Karawanenstraße gleicht, führt Sie in gut fünf Minuten vom Schiff ins Zentrum des Inseldorfes. An der Apotheke zeigt Ihnen ein Thermometer die aktuelle Temperatur an. Gehen Sie hier nach rechts durch den Süderloog, kommen Sie am Restaurant *Das Alte Inselhaus (S. 83)* vorbei zur *Alten Inselkirche (S. 80)* mit ihrem idyllischen Friedhof. Für die Rundtour nehmen Sie den Ausgang im Norden und gelangen in die Spiekerooger Hauptstraße, den Noorderloog. Halten Sie sich links, und biegen Sie gleich in die erste Straße nach rechts, den Noorderpad. Er bringt Sie zum Kurzentrum und dann in den Spiekerooger Dünengürtel hinein. Sie passieren einen Minigolfplatz und den alten, sechseckigen Lesepavillon und blicken über die breite, beinahe wüstenähnliche Dünenlandschaft. Vom Ort sind nur noch ein paar Ziegeldächer zu sehen.

Ein schmaler, gepflasterter Pfad führt nun zum Strand hinunter, dem Sie in Richtung Westen folgen. Schon nach wenigen Schritten haben Sie die letzten Strandkörbe hinter sich gelassen und können sich ganz dem Anblick der Nordsee und der vielen Muscheln am Strand widmen. Der Weg führt am Strand entlang, und kurz hinter dem in den Dünen gelegenen Campingplatz erreichen Sie eine Schillfläche, in der sich Hunderttausende Muschelschalen mit Sand vermischt haben. Weite Be-

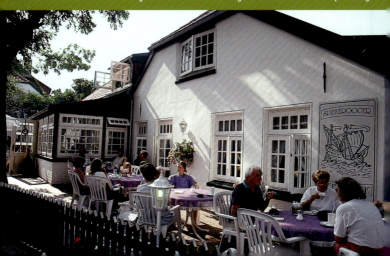

Gut auch für eine Erfrischung nach Ihrer Rundwanderung: das Alte Inselhaus auf Spiekeroog

AUSFLÜGE & TOUREN

reiche sind abgesperrt, denn hier brütet eine der größten Kolonien von Küsten- und Flussseeschwalben, die es auf den Inseln gibt.

Am Alten Anleger, an dem bis 1981 die Inselfähren festmachten, wenden Sie sich dann wieder landeinwärts. Ein teilweise gepflasterter Weg führt Sie entlang der Feuchtwiesen am Campingplatz und an zwei Seenotrettungsstationen vorbei zurück ins Dorf, wo Sie noch ein kurzes Stück durch den Kurpark (S. 81) gehen sollten, bevor Sie sich dem Mittagessen oder einem Kännchen Ostfriesentee widmen.

5 RADTOUR AUF BORKUM

Auf dieser Radtour lernen Sie in kurzer Zeit viel von der Insel kennen und haben dennoch Zeit genug für ein paar Stunden am Strand und einen ausgiebigen Ortsbummel. Ausgangspunkt ist der Inselbahnhof, in dem Sie auch Fahrräder mieten können. Länge der Tour rund 14 km, Zeitbedarf mit Bade- und Kaffeepausen: rund 3 Stunden.

Am Nordende des Georg-Schütte-Platzes, an dem der Bahnhof liegt, beginnt die Tour mit einer Umrundung des ☀ Neuen Leuchtturms (S. 40). Wenn Sie zur Orientierung hinaufsteigen, sehen Sie von oben auch den Weiler Ostland, die entfernteste Etappe dieser Radtour. Vorbei am Kriegerdenkmal geht es auf der Hindenburgstraße weiter bis zum Campingplatz, dem modernsten der Ostfriesischen Inseln. Ihm gegenüber erhebt sich der ehemalige Wasserturm. Ein Wegweiser mit weißer Schrift auf grünem Grund markiert den Beginn des Wanderwegs 5, den die Borkumer „Wald- und Dünenweg" genannt haben. Ihm folgen Sie. Schon bald schlängelt sich der nun rot gepflasterte Weg in leichtem Auf und Ab durch das feuchte Dünental der Waterdelle (S. 40). Wo er auf die Straße zum Flugplatz mündet, wenden Sie sich nach links. Wenn im Sommer reger Flugverkehr herrscht, lohnt eine Kaffeepause auf der ☀ Terrasse des Hotels Jägerheim mit schönem Blick auf die Start- und Landebahn.

Insider Tipp

Vom Flughafen führt ein unbefestigter Weg weiter, der mit „2 Dünenweg" ausgeschildert ist. Wer mag, kann einen Abstecher zum FKK-Strand unternehmen, bevor Sie Ostland erreichen. Dieser Weiler besteht aus drei Bauernhöfen, einem Campingplatz und zwei Cafés. „Letztes Gasthaus vor Juist", verkündet dort eine Tafel.

Zwischen Ostland und Ostdünen hindurch geht es nun aufs Wattenmeer zu (Wegweiser „5 Wald- und Dünenweg"). Rechter Hand liegt der Tüskendörsee (S. 40) mit seinem reichen Vogelleben. Am Deich wenden Sie sich nach rechts und fahren kurz darauf auf die ☀ Deichkrone. Schön ist der Blick auf die Stadt Borkum, hinter der in der Ferne große und kleine Schiffe zu erkennen sind.

Schließlich macht wieder ein Schild auf den Wald- und Dünenweg aufmerksam, der Sie an der Kläranlage Borkums vorbei zum Wasserturm zurückbringt. Kurz hinter dem Campingplatz biegen Sie nach links in die Richthofenstraße ein und gelangen so zum Heimatmuseum Dykhus (S. 39), zum Walfischzaun (S. 40) und wieder zum Inselbahnhof.

EIN TAG AUF NORDERNEY

Action pur und einmalige Erlebnisse.
Gehen Sie auf Tour mit unserem Szene-Scout

INSELTOUR
9:00

Auf dem Weg zum Flughafen ein Frühstück auf die Faust besorgen, denn jetzt wird's erstmal spannend. Beim Rundflug über Norderney geht's in 13 Minuten vom äußersten Westen, vorbei am Leuchtturm bis zur östlichsten Spitze der Insel und zurück. **WO?** *FLN Frisia, Flugplatz Norderney, Am Leuchtturm 1a | Kosten: 75 Euro | Tel. 04931/933 20 | 1–3 Personen | www.fln-norddeich.de*

11:00 SNACK-TIME

Zum Frühstücken zu spät, zum Mittagessen zu früh? Dann ab ins Restaurant *Weiße Düne*. In den weichen Sesseln versinken und was Inseltypisches bestellen. Wie wäre es mit Krabbenrührei und Inselschinken? **WO?** *Weiße Düne 1 | Tel. 04932/93 57 17 | www.weisseduene.com*

DURCH WIND UND WELLEN
12:00

Rauf auf's Board, den richtigen Moment abwarten, und los geht's! Beim Windsurfen mit Bernhard Flessner, mehrfacher Deutscher Meister und einer der Weltranglistenbesten, wird die Südküste Norderneys unsicher gemacht. **WO?** *Happy Surfschule Norderney, Am Yachthafen | Tel. 04932/648 | Kosten: 16 Euro/90 Min | www.surfschule-norderney.de*

14:00 MEERESKUNDE

Mit Natur- und Tierschützern geht es den Strand entlang. Der Guide des Nationalparkhauses erklärt den Umgang mit dem käscherähnlichen Fanggerät. Natürlich darf man auch selbst sein Können ausprobieren, dabei erfährt man viel über das Leben im Watt. Alles, was gefangen wird, wie z. B. Muscheln, Krabben, Garnelen und manchmal auch eine Scholle, werden genau studiert und dann wieder in die Freiheit entlassen. **WO?** *Am Hafen | Tel. 04932/20 01 | Kosten: 4 Euro/2 Std. | www.nationalparkhaus-norderney.de*

24 h

TEATIME
16:30

Das Teetrinken ist in Ostfriesland ein Ritual. In der einzigen erhaltenen Windmühle der Ostfriesischen Inseln gibt es das typische Getränk zwischen weißblauer Nordseedeko und von der Decke baumelnden Öllampen. Das Kännchen wird stilecht mit Kandis und Löffelsahne auf dem Stövchen serviert. **WO?** *Zur Mühle, Marienstr. 24* | *Mi geschl.* | *Tel. 04932/20 06* | *www.norderney-muehle.de*

AUF DEM RÜCKEN DER PFERDE
18:00

Aufsteigen und mit dem Pferd Freundschaft schließen. Im Trab geht's, zusammen mit einem Reitlehrer, aus den Dünen heraus direkt in Richtung Meer. Den Strand entlang und den frühen Abendstunden entgegengaloppieren. **WO?** *Lippestr. 23* | *Tel. 04932/924 10* | *Kosten: 25 Euro/Std.* | *www.reitschule-junkmann.de*

RAFFINIERTE KÜCHE
20:30

Bei schönem Wetter unbedingt auf der Terrasse des Restaurants *Giftbude* Platz nehmen und die Leckereien genießen, die Chefkoch Pasquale Gargiulo serviert. Zum Sonnenuntergang gibt es neben Fleisch und Pasta natürlich auch das Frischeste, was das Meer zu bieten hat. **WO?** *Am Weststrand 2* | *Tel. 04932/99 13 72* | *www.giftbude.de*

NORDISCHES NIGHTLIFE
22:30

Das Nachtleben beginnt im *Goode Wind*. Wenn Chef Michael, Landesmeister im Shaken und Mixen, hinter der Bar sein Können zeigt, wirbeln Flaschen und Co. durch die Luft. Seine Cocktailkreationen darf man sich nicht entgehen lassen. Unbedingt bestellen und sich zwischen altem Steuerrad und Schiffsglocke unters Inselvolk mischen. **WO?** *Gartenstr. 58 a* | *Tel. 04932/32 62* | *www.goodewind.de*

> VON ANGELN BIS WINDSURFEN

Wassersportler sind von Ebbe und Flut abhängig, aber es gibt viele Alternativen an Land

> Wenn Sie sich von niedrigen Wassertemperaturen, Gezeiten, Wind und Wellen nicht abschrecken lassen, sollten Sie die Surf- und Segelreviere der Inseln erkunden. Aber auch an Land gibt es ein überraschend großes Freizeitangebot, darunter Golfen, Fahrradfahren, Wattwandern und Kreativkurse.

ANGELN

In den Küstengewässern darf jeder ohne besondere Genehmigung angeln. Auf allen Inseln werden Fahrten zum Dorsch- und Makrelenfang angeboten. Häufig können Urlauber auch für ein bis zwei Stunden zum Krabbenfang mitfahren.

BEACHBUGGIES

Die dreirädrigen Gefährte, auf denen man sich in rasendem Tempo von einem Drachen über den Strand ziehen lässt, werden auf Borkum vermietet. Zum Ausprobieren und Lernen gibt

Bild: Kiter und Surfer vor Juist

SPORT & AKTIVITÄTEN

es hier auch Kurse. *Windsurfing Borkum (Wassersportzentrum am Nordstrand | Tel. 04922/22 99 | www.beachnet.de).*

DRACHENSTEIGEN

Für Lenkdrachen sind die Bedingungen auf allen Ostfriesischen Inseln ideal; Drachen steigen zu lassen ist jedoch nur an bestimmten Strandabschnitten gestattet. Informationen darüber vor Ort.

GOLF

Der ★ 9-Loch-Golfplatz inmitten der Dünen von Norderney gilt als einziger typischer Links-Course Deutschlands mit schwierig zu spielenden Grüns. Mehrmals jährlich Gästeturniere (Clubausweis!). *Golfclub Norderney e.V. | Greenfee 35 Euro | Am Golfplatz 2 | Tel. 04932/92 71 56 | Fax 92 71 59 | www.golf.de/norderney.*

Auch auf Langeoog gibt es einen Golfclub. Bislang spielte man auf einem naturbelassenen 6-Loch-Platz am Schniederdamm, Ostern 2009 wird der neue, normgerechte 9-Loch-Platz unmittelbar parallel zur Landebahn des Flugplatzes eröffnet. *Golfclub Langeoog e. V. | Tel. 04972/63 71 | www.golfclub-insel-langeoog.de.*

KAJAK

Kajaks werden auf Baltrum am Strandübergang westlich des Kurzentrums *(Haus Nordseeblick, Haus 133 | Tel. 04939/553)* und auf Norderney am Yachthafen *(Happy Surf, Am Yachthafen | Tel. 04932/841 24 und 648 | www.surfschule-norderney.de)* vermietet.

KREATIVKURSE

Kurverwaltungen, Kirchengemeinden und Privatleute bieten Kurse von Basteln bis Yoga an. Goldschmiedeseminare veranstaltet Susanne Blum auf Langeoog für Erwachsene und Kinder ab 7 Jahren. Sie können sich sogar Ihre Trauringe selbst schmieden *(Dat Werkhus, An den Bauhöfen 1 | Tel. 04972/99 03 44 | Fax 99 03 08 | www.goldschmiedeseminare.de).*

Insider Tipp

RADFAHREN

Fahrräder können auf allen Inseln außer Spiekeroog in großer Zahl gemietet werden. Auch Tandems, Mountainbikes und allerlei andere Spezialräder werden angeboten. Tourenrad, Kinderrad oder Anhänger für zwei Kinder kosten ca. 7 Euro/Tag, 25 Euro/Woche, Tandem 10 Euro/Tag, 50 Euro/Woche.

REITEN

Reiten kann man auf allen Inseln; auch Reitunterricht wird überall an-

geboten. Auf Borkum z.B. kostet ein 2-stündiger Ausritt 31 Euro, ein 6-stündiger Reitkurs 100 Euro (Kinder und Jugendliche 28 bzw. 85 Euro). Auf Islandpferde hat sich der *Islandhof* auf Spiekeroog *(Up de Höcht 5 | Tel. 04976/219 | Fax 217 | www.islandhof-spiekeroog.de)* spezialisiert, auf dem Sie auch wohnen können. Täglich werden Ausritte in kleinen Gruppen unternommen; Abendritte beinhalten Wein- und Käsepicknick am Strand.

SEGELN & SURFEN

Segelschulen finden Sie auf Borkum, Langeoog, Norderney und Spiekeroog. Ein 3-stündiges Schnuppersegeln kostet z.B. auf Langeoog 33 Euro. Borkum: *Windsurfing Borkum (Wassersportzentrum am Nordstrand | Tel. 04922/22 99 | www.beachnet.de);* Langeoog: *Segelschule Arvid Männicke (am Sportboothafen | Tel. 04972/66 99 | Fax 66 11 | www.segelschule-langeoog.de);* Norderney: *Segelschule Norderney (MS Freundschaft am Yachthafen | Tel. und Fax 04932/766 | www.segelschulenorderney.de);* Spiekeroog: *Segelschule W. Klasing (Westend 10 | Tel. 04976/680 | Fax 99 00 01 | www.spiekerooger-segelschule.de).*

Windsurfen können Sie auf allen Inseln, Kitesurfen überall bis auf Spiekeroog und Wangerooge: *Baltrum: Surferhus, Haus 194 | Tel. 04939/333 | www.surferhus.de);* Borkum: *Windsurfing Borkum (Wassersportzentrum am Nordstrand | Tel. 04922/22 99 | www.beachnet.de);* Juist: *Windsurfingschule im Nordseehotel Freese (Wilhelmstr. 60 | Tel. 04935/80 10 | Fax 18 03);* Norder-

> www.marcopolo.de/ostfrieslandinseln

SPORT & AKTIVITÄTEN

ney: *Happy Surf (Am Yachthafen | Tel. 04932/99 07 57 und 648 | www.surfschule-norderney.de);* Wangerooge: *Wind Specials (Untere Strandpromenade West | Tel. 0171/325 43 66 | www.windsurfing-wangerooge.de).*

TENNIS

Tennisplätze gibt es auf allen Inseln, Tennishallen fehlen nur auf Baltrum und Spiekeroog. 5-stündige Schnupperkurse für Einsteiger kosten auf Spiekeroog 55 Euro, die Platzmiete dort beträgt 13 Euro pro Stunde. Für eine Trainerstunde Einzelunterricht zahlen Sie auf Juist 34 Euro. Auf allen Inseln werden auch Gästeturniere veranstaltet, so z. B. auf Baltrum im Juli 2009 bereits zum 53. Mal. *Auskunft bei Kurverwaltungen und Verkehrsvereinen*

WANDERN & WATTWANDERN

Wattwanderungen mit amtlich zugelassenen Führern werden während des Sommerhalbjahrs auf allen Ostfriesischen Inseln angeboten. Das Watt ohne Führer zu durchqueren ist aus Gründen des Naturschutzes verboten und für Unerfahrene lebensgefährlich. Die Wattführer geben naturkundliche Erklärungen und wissen so manche *Döntjes* (unterhaltsame Geschichten) zu erzählen. Es gibt auch spezielle Wattführungen für Familien mit kleinen Kindern.

Über alle Inseln führen zudem zahlreiche ausgeschilderte Wanderwege. Auf Borkum steht beispielsweise ein Wegenetz von über 120 km Länge zur Verfügung. Während der Saison finden auch geführte Wanderungen statt.

Morgendlicher Ausritt am einsamen Strand – ein erhebendes Erlebnis

> ABENTEUER FÜR KLEINE LEUTE

Die besten Ideen für Aktivitäten, bei denen der Spaß der Kleinen ganz groß ist

> Größere Sandkisten als an der Nordsee gibt es nirgendwo in deutschen Landen. Sie garantieren Urlaubsspaß für Kinder.
Schaufeln und Eimer können in vielen Geschäften gekauft werden, wenn Sie sie nicht mitgebracht haben. Damit kann man nicht nur Strandburgen errichten, sondern auch phantasievollere Gebilde, mit denen die Kleinen später auch spielen können – bis Wind oder Wellen das Bauwerk zerstören.

Die Inseln bieten zudem viele Alternativen zu langweiligen Fußmärschen. Überall werden Bollerwagen vermietet, aber auch Kindersitze und Kinderfahrräder. Besonders während der Schulferien versuchen alle Kurverwaltungen, ihren kleinen Gästen ein buntes Sport- und Spielprogramm zu offerieren. Die Teilnahme ist meist kostenlos; Themen und Termine nennen die örtlichen Veranstaltungskalender und Aus-

Bild: Wettlauf mit Hüpfball

MIT KINDERN REISEN

hänge. In den Hallen- und Freibädern werden Schwimmkurse angeboten und in den Kinos nachmittags natürlich auch Kinderfilme gezeigt. Und auch die Inselläden offerieren allerlei Dinge, die Kinder begeistern: Drachen jeder Art, die Sie allerdings nur an dafür ausgewiesenen Stränden steigen lassen dürfen, und Piratenflaggen, die jeden Strandkorb zum Versteck kleiner Freibeuter werden lassen. Zu den Ferienhöhepunkten gehören für die Kleinen eine Kutterfahrt zum Krabbenfang oder zu den Seehundsbänken und eine Wattwanderung. Und für schlechtes Wetter gibt es schöne Bilderbücher und spannende Jugendliteratur in den Büchereien der Kurverwaltung.

BALTRUM

ONNO'S KINDERSPÖÖLHUS [118 A2]

In Baltrums Kinderspielhaus können die Kleinen bei jedem Wetter drinnen spielen – und wenn es nicht zu stark regnet auch draußen auf dem großen Piratenschiff im riesigen Sandkasten. Die Betreuerinnen veranstalten häufig Mal- und Bastelaktionen, übernehmen aber nicht die Aufsichtspflicht. Eltern sollten bei ihren Kinder bleiben. *Haus 68 | Tel. 04939/8036*

BORKUM

MALEN LERNEN [U A3]

Die Künstlerin Nicole Wenning unterrichtet Kinder spielerisch montags bis freitags je eine Stunde lang in der Aquarellmalerei. Die Motive liefert die Insel. *Atelier am Meer | Jann-Berghaus-Str. 1 | Tel. 04922/99 05 55 | www.atelier-am-meer.de*

SPIELINSEL [U A4]

Auch im Borkumer Kinderspielhaus sollten Kinder nur in Anwesenheit eines erwachsenen Angehörigen spielen. Außer den üblichen Spielgeräten stehen größeren Kindern auch Tischtennis-, Lese- und Brettspielräume zur Verfügung. Windeln für Kleinkinder werden kostenlos zur Verfügung gestellt. Während der Sommerferien finden hier Kreativkurse statt, darunter Kurse in Serviettentechnik, Fancywork und Metalldrücken oder auch im Basteln von Muschelketten. *Goethestr. 35 | Tel. 04922/93 32 94*

UNTER DAMPF [U B3–4]

Während der Hauptsaison werden die Waggons der Inselbahn manchmal noch von einer historischen Dampflok aus dem Jahr 1941 gezogen. Das begeistert Groß und Klein! *www.borkumer-kleinbahn.de*

JUIST

SPIELSTUBEN [116–117 C–D4]

Gästekinder können bei schlechtem Wetter in Kinderspielräumen im Haus des Kurgastes und im Haus des Gastes im Loog spielen.

THEMENWOCHEN [117 D4]

Im Juli und August können Kinder jeweils an vier Tagen pro Woche mit dem Animationsteam Theater einstudieren und spielen. Themen 2008 waren u.a. „Dschungelbuch" und „Wer wird Millionär". *Infos: Kurverwaltung | www.juist.de*

LANGEOOG

BABYSITTER [118 C2]

Im Service-Center im Rathaus ist eine Liste mit Adressen von Babysittern erhältlich. *Tel. 04972/69 30*

LANGEOOG TENNIS [118 C2]

4- bis 16-Jährige können in den Oster-, Sommer- und Herbstferien an dem Champs-Kinderprogramm von *Langeoog-Tennis* teilnehmen und fünf Tage lang je eine Stunde trainieren. Am Ende wird ein Miniturnier veranstaltet. *Tennis- und Sportcenter | Kavalierpad 15 | Tel. 04972/10 77 | 85 Euro*

SEGELN LERNEN [119 D2]

Kinder zwischen 7 und 14 Jahren, die schwimmen können, dürfen auf Langeoog Segeln auf Optimistenjollen lernen. Nach 6 Tagen mit jeweils 2,5 Stunden Unterricht können sie dann den VDS-Juniorschein erwerben, nach einer weiteren Woche den DSV-Jüngstenschein. Preis pro Woche 138,50 Euro plus 30,50 Euro Prüfungsgebühr. *Segelschule Arvid*

> **www.marcopolo.de/ostfrieslandinseln**

MIT KINDERN REISEN

Männicke | Hafendeichstr. 15 | Tel. 04972/66 99 | Fax 66 11 | www.segelschule-langeoog.de

SPÖÖLHUS/SPÖÖLSTUV [118 C2]
Im *Spöölhus* mit seinen 600 m² können Kinder unter Aufsicht der Eltern spielen, in der benachbarten *Spöölstuv* werden Gästekinder unter 6 Jahren betreut. *Spöölhus: Kavalierpad 10 | Tel. 04972/69 32 39; Spöölstuv: Kavalierpad 3 | Tel. 69 32 36 | spiel haeuser@langeoog.de*

NORDERNEY
KLEINE ROBBE [120 B5]
Für Kinder zwischen 3 und 11 Jahren haben die Norderneyer gleich neben dem Bademuseum ein Kinderspielhaus mit Betreuung geschaffen. *Freibad | Am Weststrand 11 | Tel. 04932/93 54 95*

MINIATURZÜGE [120 C4]
Miniaturzüge auf Gummirädern mit Dieselmotor starten unter dem Namen *Inselbahn* und *Bömmels Bimmelbahn* vom Beginn der Osterferien bis zum Ende der Herbstferien mehrmals täglich zu Inselrundfahrten. *Abfahrt an der Bushaltestelle Rosengarten | Tel. 04932/433 und 04932/99 19 33 | Erwachsene 7,50 Euro, Kinder bis 12 J. 4 Euro*

SPIEKEROOG
TROCKENDOCK [118 A5]
Das Kinderspielhaus auf Spiekeroog besitzt als besondere Attraktion einen Seminarraum mit Computern, an dem Schulkinder unter Aufsicht Computerspiele ausprobieren und im Internet surfen können. *Zwischen Kurverwaltung und Inselbad*

WANGEROOGE
HAUS DES KLEINEN GASTES [119 E4]
Das Kinderspielhaus im Haus des Gastes bietet bei schlechtem Wetter einen Spiel- und Spaßraum für Kinder in Begleitung von Erwachsenen. In einem speziellen Kindergartenraum werden 3- bis 6-Jährige von 8.30 bis 11.30 Uhr von einer Kindergärtnerin betreut. *Strandpromenade 3 | Tel. 04469/990*

Eimer und Käscher: Werkzeug für eifrige Strandkrabbenforscher

108 | 109

> VON ANREISE BIS ZIMMERSUCHE

Urlaub von Anfang bis Ende: die wichtigsten Adressen und Informationen für Ihre Reise auf die Ostfriesischen Inseln

ANREISE

Ihr Auto dürfen Sie nur nach Borkum und Norderney mitnehmen. An allen Fährhäfen gibt es gebührenpflichtige Parkplätze und Garagen.

Mit dem Zug sind die Fährhäfen Emden und Norddeich-Mole zu erreichen. Zu den anderen Fährhäfen bestehen Busverbindungen vom nächstgelegenen Bahnhof aus.

Tidenunabhängig sind Borkum, Langeoog und Norderney. Für die anderen Inseln ändern sich die Fahrplanzeiten von Tag zu Tag, was jedoch lange im Voraus feststeht. Über alle Zug-, Bus- und Schiffsverbindungen gibt die Deutsche Bahn Auskunft *(www.bahn.de)*.

Hier die Telefonnummern der Reedereien (in Klammern Dauer der Überfahrt): Baltrum von Neßmersiel, *Tel. 04939/913 00* (30 Min.); Borkum von Emden, Tel. *01805/18 01 82* (Katamaran 1 Std., Autofähre 2 Std.); Juist von Norddeich-Mole, *Tel. 04931/98 71 24* (je nach Wasserstand 75–140 Min.); Langeoog von Bensersiel, *Tel. 04971/25 01* (30 Min.); Norderney von Norddeich-Mole, *Tel. 04931/98 71 24* (50 Min.); Spiekeroog von Neuharlingersiel, *Tel. 04974/214* (50 Min.); Wangerooge von Harlesiel, *Tel. 04464/ 94 94 11* (45 Min.). Links zu allen Fahr- und vielen Flugplänen finden Sie unter: *www.die-nordsee.de*

> WWW.MARCOPOLO.DE

Ihr Reise- und Freizeitportal im Internet!

> Aktuelle multimediale Informationen, Insider-Tipps und Angebote zu Zielen weltweit ... und für Ihre Stadt zu Hause!

> Interaktive Karten mit eingezeichneten Sehenswürdigkeiten, Hotels, Restaurants etc.

> Inspirierende Bilder, Videos, Reportagen

> Kostenloser 14-täglicher MARCO POLO Podcast: Hören Sie sich in ferne Länder und quirlige Metropolen!

> Gewinnspiele mit attraktiven Preisen

> Bewertungen, Tipps und Beiträge von Reisenden in der lebhaften MARCO POLO Community: *Jetzt mitmachen und kostenlos registrieren!*

> Praktische Services wie Routenplaner, Währungsrechner etc.

Abonnieren Sie den kostenlosen MARCO POLO Newsletter ... wir informieren Sie 14-täglich über Neuigkeiten auf marcopolo.de!

Reinklicken und wegträumen!
www.marcopolo.de

 > MARCO POLO speziell für Ihr Handy! Zahlreiche Informationen aus den Reiseführern, Stadtpläne mit 100 000 eingezeichneten Zielen, Routenplaner und vieles mehr.
mobile.marcopolo.de (auf dem Handy)
www.marcopolo.de/mobile (Demo und weitere Infos auf der Website)

PRAKTISCHE HINWEISE

Per Flugzeug erreichen Sie alle Inseln außer Spiekeroog. Häufige Verbindungen bestehen von Harle nach Baltrum, Langeoog, Norderney und Wangerooge, ab Emden nach Borkum, ab Norddeich nach Juist und Norderney. Auch Flüge von Insel zu Insel sind möglich.

AUSKUNFT

Ausführliche Informationen erhalten Sie von den jeweiligen Kurverwaltungen. Prospekte können kostenlos bestellt werden über:

DIE NORDSEE – SIEBEN INSELN, EINE KÜSTE
Olympiastr. 1, Gebäude 6, 26419 Schortens-Roffhausen | Tel. 01805/ 20 20 96 für Prospektanforderungen, sonst Tel. 04421/97 89 23 | Fax 97 89 40 | www.die-nordsee.de

BADEVERBOTE

Aus Sicherheitsgründen sollten Sie nur an den bewachten Stränden ins Wasser gehen und sich an die dortigen Badezeiten halten. Wird an den Stränden ein roter Warnball aufgezogen, bedeutet das Badeverbot für Kinder und Nichtschwimmer. Zwei hochgezogene Warnbälle signalisieren ein allgemeines Badeverbot. Dies ist unbedingt zu beachten!

CAMPING

Campingplätze gibt es auf Baltrum, Borkum, Langeoog, Norderney, Spiekeroog. Der Campingplatz auf Langeoog gehört zur Jugendherberge.

EINTRITTSPREISE

Museen und einige andere Sehenswürdigkeiten erheben Eintritt, meist

WAS KOSTET WIE VIEL?

TEE	**4,50 EURO** für ein Kännchen
TORTE	**3 EURO** für ein Stück Friesentorte
WURST	**3,10 EURO** Bockwurst auf der Norderney-Fähre
FAHRRAD	**5–10 EURO** Miete pro Tag
STRANDKORB	**40 EURO** pro Woche auf Juist
PARKEN	**4 EURO** in Norddeich pro Tag

1,50–3 Euro. Inhaber von Kurkarten erhalten ermäßigten Eintritt bzw. pro Aufenthalt einen freien Eintritt.

FKK

Offizielle FKK-Badestrände gibt es nur auf Borkum und Norderney, anderswo ist Nacktbaden abseits der Hauptstrände möglich.

GESUNDHEIT

Die medizinische Versorgung ist auf allen Inseln gut; auf Baltrum und Spiekeroog fehlt allerdings ein Zahnarzt. Für dringende Notfälle gibt es Hubschrauber zum Festland.

INTERNET

www.echtundklar.de und *www.die-nordsee.de* erschließen über viele Links alle Inseln, *www.ostfriesland.de* informiert über das ostfriesische Festland, *www.nordwestreisemagazin.de* liefert ergänzende Informationen.

INTERNETCAFÉS

Öffentliche Möglichkeiten, das Internet zu nutzen, bestehen auf allen Inseln. Auf Spiekeroog stehen die Computer im *Kinderspielhaus Trockendock.* Ein sehr modernes Internetcafé auf Norderney ist das *Insel Internet Café (Schmiedestr. 16).* Auf Juist bietet das *Internetcamp* Zugang *(Mo–Fr 14–17 Uhr | www.jcamp.de),* auf Baltrum das Rathaus. Auf Borkum sendet man Mails mit Nordseeblick aus dem *Internetpavillon* in der Kurhalle am Meer *(in der Saison tgl. 8–20 Uhr).* Nähere Infos bei den Kurverwaltungen bzw. Verkehrsvereinen

JUGENDHERBERGEN

Jugendherbergen stehen auf allen Inseln außer auf Baltrum und Spiekeroog. *www.djh.de*

KUREN

Alle Ostfriesischen Inseln sind staatlich anerkannte Nordsee-Heilbäder. Indikationen sind Erkrankungen der Atemwege, Herz- und Kreislauferkrankungen, Allergien, rheumatische Erkrankungen, Hormon- und Stoffwechselstörungen, Hautleiden und Entwicklungsstörungen bei Kindern.

WETTER AUF BORKUM

Jan.	Feb.	März	April	Mai	Juni	Juli	Aug.	Sept.	Okt.	Nov.	Dez.
3	4	6	10	15	18	20	20	18	13	8	5
Tagestemperaturen in °C											
−1	−1	1	5	8	12	14	14	12	8	4	1
Nachttemperaturen in °C											
1	2	4	5	6	8	6	6	5	3	2	1
Sonnenschein Std./Tag											
12	10	8	8	7	8	11	11	11	13	13	12
Niederschlag Tage/Monat											
4	4	4	6	10	13	16	17	16	13	9	6
Wassertemperaturen in °C											

PRAKTISCHE HINWEISE

Eine *Badekur* kann bei den Kostenträgern (Krankenkasse, Sozialversicherung) beantragt werden.

KURTAXE & KURKARTEN
Alle Inseln außer Baltrum und Spiekeroog (dort nur Mitte März–Okt.) erheben von ihren Gästen ganzjährig einen Kurbeitrag. In der Hauptsaison liegt er für Erwachsene bei 2,30 bis 2,70 Euro pro Tag, in der Nebensaison bei 0,60–1,50 Euro. Kinder und Jugendliche zahlen in der Hauptsaison 0,70–1,30 Euro pro Tag, sonst 0,25–0,90 Euro.

NOTRUFE
Polizei Tel. 110 | Feuerwehr Tel. 112

ÖFFNUNGSZEITEN
In der Hauptsaison (vom Beginn der Osterferien bis zum Ende der Herbstferien in Niedersachsen und Nordrhein-Westfalen sowie um den Jahreswechsel) haben viele Geschäfte auch sonntags geöffnet. Die genannten Öffnungszeiten beziehen sich auf die Hochsaison. Wo bei Restaurants Ruhetage genannt sind, gelten sie ganzjährig. Wo keine Angaben gemacht werden, gilt in der Regel: In der Saison täglich, ansonsten Ruhetag je nach Touristenandrang möglich. Im Winter können Restaurants, Hotels und Sehenswürdigkeiten sowie teils auch die Schwimm- und Spaßbäder ganz geschlossen sein.

STRANDKÖRBE & -ZELTE
Strandkörbe oder -zelte können Sie auf allen Inseln mieten. Außer für Juist sind auch schriftliche Vorbestellungen möglich, die bis Ende April oder Mai erfolgen müssen.

TIDENKALENDER
Einen Kalender, der die Hoch- und Niedrigwasserzeiten für jeden Tag des Jahres nennt, erhalten Sie auf den Inseln entweder kostenlos oder ge-

Was wäre die Nordsee ohne Möwen?

gen geringe Gebühr in den Kurverwaltungen.

ZIMMERSUCHE
Die Kurverwaltungen selbst vermitteln keine Zimmer. Interessenten wenden sich mit Hilfe des Unterkunftsverzeichnisses direkt an Vermieter oder Hotels. Buchungen sind auch über das Internet möglich. Links bieten die jeweiligen Homepages der Zimmervermittlung oder Kurverwaltung.

Wenn Sie ohne Reservierung auf eine der Inseln kommen – dies empfiehlt sich nur außerhalb der Hochsaison –, können Sie sich von der jeweiligen Informationsstelle freie Unterkünfte nennen lassen. Auf mehreren Inseln sind Informationssysteme installiert, die außerhalb der Geschäftszeiten freie Quartiere nennen. Allerdings erfasst das System meist nur die größeren und teureren Hotels.

Am Strand von Norden

> UNTERWEGS AUF DEN OSTFRIESISCHEN INSELN

Die Seiteneinteilung für den Reiseatlas finden Sie auf dem hinteren Umschlag dieses Reiseführers

REISE
ATLAS

115

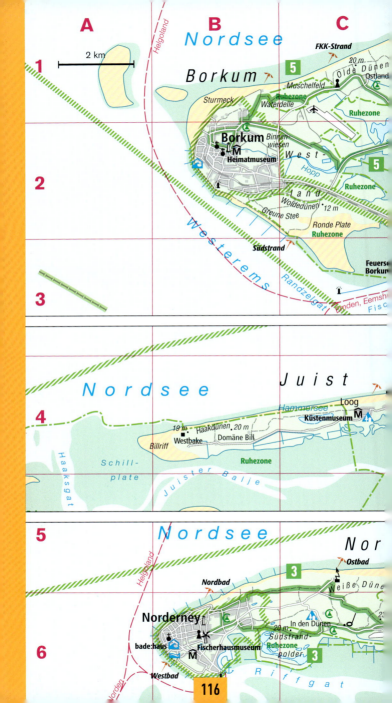

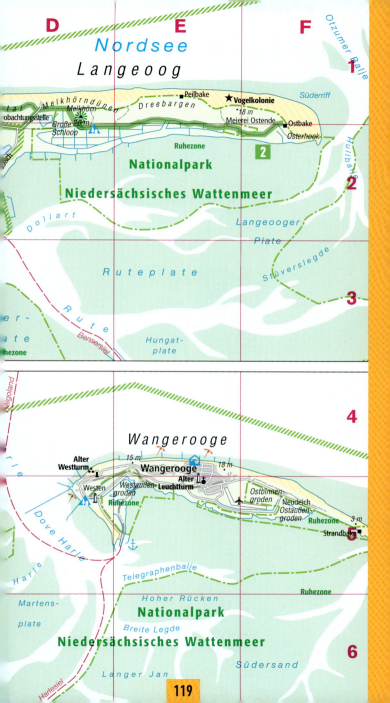

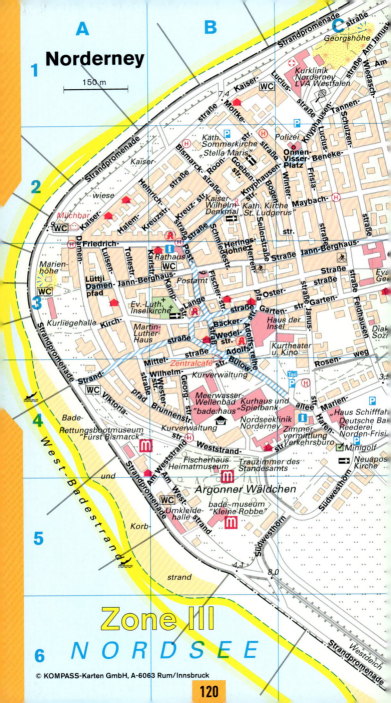

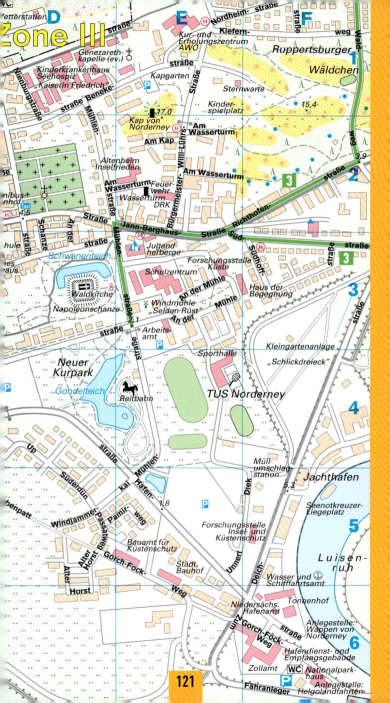

KARTENLEGENDE

Fernstraße Highway		Jugendherberge Youth hostel
Hauptstraße Main road		Hafen Harbour
Nebenstraße Secondary road		Schiffswrack Ship wreck
Sonstige Straße Other Road		Freibad Open air bath
Fahrweg, Piste Carriage way		Erlebnisbad Pleasure bath
Pfad Path		Windsurferstrand Windsurfing beach
Straßennummern Road numbers		Strand Beach
Schifffahrtslinie Shipping route		Sehenswürdigkeit Point of interest
Ausflüge & Touren Excursions & tours		Museum Museum
Nationalpark National park		Museumsbahn Historic train
Ruhezone (Zone 1) Nature rest area		Denkmal Monument
Vogelschutzgebiet Bird sanctuary		Turm Tower
Besonders schöner Ausblick Important panoramic view		Leuchtturm Lighthouse
Campingplatz Camping ground		Feuerschiff Lightship
Flugplatz Aerodrome		Windmühle Windmill
Burg / Burgruine Castle / Castle ruin		Sendemast Aerial mast
Schloss Palace		Golfplatz Golf course
Kirche Church		Sand Sand
Ruine Ruin		Wattenmeer Mudflat

FÜR IHRE NÄCHSTE REISE

gibt es folgende MARCO POLO Titel:

DEUTSCHLAND
Allgäu
Amrum/Föhr
Bayerischer Wald
Berlin
Bodensee
Chiemgau/Berchtes-
 gadener Land
Dresden/Sächsische
 Schweiz
Düsseldorf
Eifel
Erzgebirge/Vogtland
Franken
Frankfurt
Hamburg
Harz
Heidelberg
Köln
Lausitz/Spreewald/
 Zittauer Gebirge
Leipzig
Lüneburger Heide/
 Wendland
Mark Brandenburg
Mecklenburgische
 Seenplatte
Mosel
München
Nordseeküste
 Schleswig-
 Holstein
Oberbayern
Ostfriesische Inseln
Ostfriesland/
 Nordseeküste
 Niedersachsen/
 Helgoland
Ostseeküste
 Mecklenburg-
 Vorpommern
Ostseeküste
 Schleswig-
 Holstein
Pfalz
Potsdam
Rheingau/
 Wiesbaden
Rügen/Hiddensee/
 Stralsund
Ruhrgebiet
Schwäbische Alb
Schwarzwald
Stuttgart
Sylt
Thüringen
Usedom
Weimar

ÖSTERREICH |
SCHWEIZ
Berner Oberland/
 Bern
Kärnten
Österreich
Salzburger Land
Schweiz
Tessin
Tirol
Wien
Zürich

FRANKREICH
Bretagne
Burgund
Côte d'Azur/Monaco
Elsass
Frankreich
Französische
 Atlantikküste
Korsika
Languedoc-Roussillon
Loire-Tal
Nizza/Antibes/Cannes/
 Monaco
Normandie
Paris
Provence

ITALIEN | MALTA
Apulien
Capri
Dolomiten
Elba/Toskanischer
 Archipel
Emilia-Romagna
Florenz
Gardasee
Golf von Neapel
Ischia
Italien
Italienische Adria
Italien Nord
Italien Süd
Kalabrien
Ligurien/
 Cinque Terre
Mailand/Lombardei
Malta/Gozo
Oberital. Seen
Piemont/Turin
Rom
Sardinien
Sizilien/
 Liparische Inseln
Südtirol
Toskana
Umbrien
Venedig
Venetien/Friaul

SPANIEN |
PORTUGAL
Algarve
Andalusien
Barcelona
Baskenland/Bilbao
Costa Blanca
Costa Brava
Costa del Sol/Granada
Fuerteventura
Gran Canaria
Ibiza/Formentera
Jakobsweg/Spanien
La Gomera/El Hierro
Lanzarote
La Palma
Lissabon
Madeira
Madrid
Mallorca
Menorca
Portugal
Sevilla
Spanien
Teneriffa

NORDEUROPA
Bornholm
Dänemark
Finnland
Island
Kopenhagen
Norwegen
Schweden
Stockholm
Südschweden

WESTEUROPA |
BENELUX
Amsterdam
Brüssel
Dublin
England
Flandern
Irland
Kanalinseln
London
Luxemburg
Niederlande
Niederländische
 Küste
Schottland
Südengland

OSTEUROPA
Baltikum
Budapest
Estland
Kaliningrader Gebiet
Lettland
Litauen/Kurische
 Nehrung
Masurische Seen
Moskau
Plattensee
Polen
Polnische Ostsee-
 küste/Danzig
Prag
Riesengebirge
Russland
Slowakei
St. Petersburg
Tallinn
Tschechien
Ungarn
Warschau

SÜDOSTEUROPA
Bulgarien
Bulgarische
 Schwarzmeerküste
Kroatische Küste/
 Dalmatien
Kroatische Küste/
 Istrien/Kvarner
Montenegro
Rumänien
Slowenien

GRIECHENLAND |
TÜRKEI | ZYPERN
Athen
Chalkidiki
Griechenland
 Festland
Griechische
 Inseln/Agäis
Istanbul
Korfu
Kos
Kreta
Peloponnes
Rhodos
Samos
Santorin
Türkei
Türkische Südküste
Türkische Westküste
Zakinthos
Zypern

NORDAMERIKA
Alaska
Chicago und
 die Großen Seen
Florida
Hawaii
Kalifornien
Kanada
Kanada Ost
Kanada West
Las Vegas
Los Angeles
New York
San Francisco
USA
USA Neuengland/
 Long Island
USA Ost
USA Südstaaten/
 New Orleans
USA Südwest
USA West
Washington D.C.

MITTEL- UND
SÜDAMERIKA
Argentinien
Brasilien
Chile
Costa Rica
Dominikanische
 Republik
Jamaika
Karibik/
 Große Antillen
Karibik/
 Kleine Antillen
Kuba
Mexiko
Peru/Bolivien
Venezuela
Yucatán

AFRIKA |
VORDERER
ORIENT
Ägypten
Djerba/
 Südtunesien
Dubai/Vereinigte
 Arabische Emirate
Israel
Jerusalem
Jordanien
Kapstadt/
 Wine Lands/
 Garden Route
Kapverdische Inseln
Kenia
Marokko
Namibia
Qatar/Bahrain/Kuwait
Rotes Meer/Sinai
Südafrika
Tunesien

ASIEN
Bali/Lombok
Bangkok
China
Hongkong/
 Macau
Indien
Japan
Ko Samui/
 Ko Phangan
Malaysia
Nepal
Peking
Philippinen
Phuket
Rajasthan
Shanghai
Singapur
Sri Lanka
Thailand
Tokio
Vietnam

INDISCHER
OZEAN |
PAZIFIK
Australien
Malediven
Mauritius
Neuseeland
Seychellen
Südsee

REGISTER

In diesem Register sind alle in diesem Reiseführer erwähnten Inseln, Orte, Sehenswürdigkeiten und Ausflugsziele verzeichnet. Halbfette Seitenzahlen verweisen auf den Haupteintrag, kursive auf ein Foto.

Baltrum 9, 13, 14, 15, 16, 28, **30–35,** 52, 55, 65, 76, 85, **94–96,** 104, 105, **107,** 110, 111, 112, 113, *123*
Alte Kirche **32,** 94
Badeparadies Sindbad 35
Dünental **32,** 95
Inselfriedhof 95
Katholische Inselkirche **32f.,** 94f.
Nationalpark-Informationszentrum **33,** 94

Borkum 8, 9, 10, 11, 12, 14, 15, 16, 18, 20, 23, 28, **36–43,** 55, 85, **99, 102, 104, 105, 108,** 110, 111, 112
Alter Leuchtturm 38
Feuerschiff Borkumriff 38
FKK-Strand *41,* 43
Gezeitenland 43
Greune Stee 38f.
Heimatmuseum Dykhus *38,* **39,** 99
Inselbahn 36, **39**
Kulturinsel 42
Maritime Skulpturen 39f.
Neuer Leuchtturm **40,** 99
Ostland 37, 99
Strandsauna 43
Tüskendörsee **40,** 99
Walfischzaun **40,** 99
Waterdelle **40,** 99

Emden 10, 18, 36, 46, 49, 110, 111

Groningen 43
Harlesiel 110
Helgoland 35, 55, 62, 65, **76–77,** 85, 93
Lange Anna 77
Lummenfelsen 77

Juist 8, 10, 12, 13, 22, 23, 28, 29, 35, **44–55,** 63, 66, 76, 85, 99, *102/103,* 104, 105, **108,** 110, 111, 112, 113
Bill/Billriff 46
Evangelische Kirche 46
Goldfischteich 46
Hammersee *46,* 47f.
Kalfamer 48
Katholische Kirche zu den hl. Schutzengeln 48f.
Küstenmuseum 48
Loog 45
Meerwasser-Erlebnisbad 54
Memmertfeuer *48,* 49
Nationalparkhaus Juist 49
Seebrücke 49
Siebter Längengrad 49
Skulpturen 49f.
Wasserturm 50

Langeoog 8, 15, 23, 28, 29, 35, 54, **56–65,** 76, 85, **96,** 103f., 104, **108f.,** 110, 111
Baltengedenkstätte 58
Dünenfriedhof **57,** 96
Evangelische Kirche 59
Flinthörn 59
Golfclub Insel 64
Katholische Kirche 59
Lale-Andersen-Denkmal 59
Lale-Andersen-Grab 57f.
Meerwasser-Erlebnisbad 64
Melkhörndüne **59,** 96
Museumsrettungsboot Langeoog 59
Nichtraucherstrand 65
Nordseeaquarium 60
Osterhook 59f.
Pirolatal **60,** 96
Schifffahrtsmuseum 60
Schlopp **60,** 96
Seemannshus 60
Seenotbeobachtungsstelle **61,** 96
Vogelkolonie 61
Wasserturm 57, **61**

Memmert 49, **55**

Nationalpark Niedersächsisches Wattenmeer 9, 10, **19,** 33, 48, 49, 59, 68, 70f., 89f., 94, 100, 128

Neßmersiel 30, 110
Neuharlingersiel 110

Norddeich 66, 100, 110, 111

Norderney *6/7,* 8, 9, 10, 11, 12, 13, 14, 15, 16, 20, 21, 23, 28, 29, 35, 54, 55, **66–76,** 85, *94/95,* **96f., 100f.,** 103, 104, **109,** 110, 111, 112, *114/115,* 127
Bade:haus 75f.
Bademuseum 69
Fischerhaus-Museum 69
Georgshöhe 69
Kaiser-Wilhelm-Denkmal 69
Kurhaus *11,* 67, **69f.**
Kurtheater 67, **70,** 74
Leuchtturm **70,** 97
Napoleon-Schanze 70
Nationalparkhaus 70
Postamt 67, *70,* **71**
Schiffswrack 71
Senderdüne 71
Südstrandpolder 71f.
Wasserturm 72
Windmühle Seldenrüst **72,** 97

Spiekeroog 8, 9, 10, 13, 22, *24/25,* 35, 65, **78–85,** 93, **98f.,** 104, 105, **109,** 110, 111, 112
Alte Inselkirche **80f.,** 98
Alter Anleger 99
Galerie und Künstlerhaus 85
Hermann-Lietz-Schule 20, **82f.**

> *www.marcopolo.de/ostfrieslandinseln*

IMPRESSUM

Kurioses Muschelmuseum
81
Kurpark **81,** 99
Museumspferdebahn
8/9, 80, 81
Ostplate 79, **81f.,**
83
Schwimmdock 85
Spiekerooger
Inselmuseum 82

Umweltzentrum
Wittbülten 82
Weiße Dünen 83
Wangerooge 8, 10, 11,
13, 15, 16, 19, 28, 65,
85, **86–93,** 104, **109,**
111
Ehrenmal Hartmannstand
88

Inselmuseum Alter
Leuchtturm 88
Katholische Kirche 89
Kriegsgräberstätte 89
Meerwasser-Freizeitbad
Oase 94
Neuer Leuchtturm 89
Rosenhaus und -garten
89f.
Westturm *4 r.,* 90

> SCHREIBEN SIE UNS!

Liebe Leserin, lieber Leser,

wir setzen alles daran, Ihnen möglichst
aktuelle Informationen mit auf die
Reise zu geben. Dennoch schleichen
sich manchmal Fehler ein – trotz
gründlicher Recherche unserer
Autoren/innen. Sie haben sicherlich
Verständnis, dass der Verlag dafür
keine Haftung übernehmen kann.

Wir freuen uns aber, wenn Sie
uns schreiben.

Senden Sie Ihre Post an die
MARCO POLO Redaktion,
MAIRDUMONT, Postfach 31 51,
73751 Ostfildern,
info@marcopolo.de

IMPRESSUM

Titelbild: Leuchtturm Borkum (Huber: Bäck)
Fotos: Alexander Sucrow, Fotografie (100 o. l.); Gunther Baade (100 M. l.); K. Bötig (126); Colorvision:
Uthoff (40); Cubeaudio: Christian Malsch (14 M.); W. Dieterich (58); © fotolia.com: Agphotographer
(101 o. l.); Christel Gargiulo-Nachtigall (101 M. l.); Georgshöhe Hotel-Apartement Betriebsgesellschaft
mbH: Volker Linger (14 u.); HB Verlag: Schulz (2 l., 3 r., 5, 38, 61, 65, 73, 109); O. Heinze (U. r., 4 r.,
4 l., 6/7, 8/9, 11, 16/17, 22, 24/25, 28, 28/29, 30/31, 36/37, 42, 44/45, 46, 48, 56/57, 62, 66/67, 75, 78/79,
83, 86/87, 88, 90, 94/95, 97, 98, 102/103, 105, 106/107, 114/115); Huber: Bäck (1), Gräfenhain (26, 29);
Hotel Seesteg OHG (12 u.); © iStockphoto.com: blaneyphoto (101 u. r.), Ivan Mateev (14 o.), Paige
McFadden (100 u. r.), Heiko Potthoff (101 M. r.); Juister Musikfestival (23); König Event Marketing
(13 u.); Lade: BAV (76), Grossmann (68); Laif: Dreysse (18, 53), Hahn (22/23, 70), Jonkmanns (19, 51);
Leda Verlag: Karlheinz Krämer (15 o.); Look: Wohner (2 r.); Mauritius: Ligges (U. l.); A. M. Mosler
(U. M., 3 l, 20, 27, 32, 35, 55, 80, 84, 93, 113); Mascha Oehlmann (13 o.); Schapowalow: Brüggemann
(3 M.); Staatsbad Norderney: Hans-Helmut Barty (15 u.); Ingo Walter (12 o.): Mareike Windhorst
Kommunikation (100 M. r.)

9., aktualisierte Auflage 2009
© MAIRDUMONT GmbH & Co. KG, Ostfildern
Chefredaktion: Michaela Lienemann, Marion Zorn
Autor: Klaus Bötig; Redaktion: Marlis v. Hessert-Fraatz
Programmbetreuung: Jens Bey, Silwen Randebrock; Bildredaktion: Barbara Schmid, Gabriele Forst
Szene/24h: wunder media, München
Kartografie Reiseatlas: © MAIRDUMONT, Ostfildern
Innengestaltung: Zum goldenen Hirschen, Hamburg; Titel/S. 1–3: Factor Product, München
Das Werk einschließlich aller seiner Teile ist urheberrechtlich geschützt. Jede urheberrechtsrelevante
Verwertung ist ohne Zustimmung des Verlages unzulässig und strafbar. Das gilt insbesondere
für Vervielfältigungen, Übersetzungen, Nachahmungen, Mikroverfilmungen und die Einspeicherung
und Verarbeitung in elektronischen Systemen.
Printed in Germany. Gedruckt auf 100% chlorfrei gebleichtem Papier

> UNSER AUTOR
MARCO POLO Insider Klaus Bötig im Interview

Klaus Bötig lebt in Bremen und hat damit die Ostfriesischen Inseln vor der Haustür. Klar, dass er dort viel Zeit verbringt.

Was verbindet sie mit den Ostfriesischen Inseln?

Ich bin ein leidenschaftlicher Inselsammler, kenne weltweit schon über 300. Norderney war meine erste Insel überhaupt – als Achtjähriger war ich da. Die Häfen zu den Ostfriesischen Inseln sind keine zwei Autostunden von Bremen entfernt: Also fahre ich öfters mal dorthin. Außerdem ist meine Mutter Ostfriesin, war mein Vater auch mal Seemann. Da liegt einem das Meer im Blut.

Was reizt Sie an den Inseln?

Das Meer, das Watt, die Dünen, die Strände haben alle sieben Inseln gemeinsam. Trotzdem ist jede unterschiedlich. Manche sind ganz still, auf anderen kann man auch die Nacht zum Tage machen. Und jede Jahreszeit ist schön: Im Winter macht Inselurlaub genauso viel Spaß wie im Sommer.

Was mögen Sie hier nicht so sehr?

Da fällt mir nichts ein. Okay, das Wetter könnte manchmal besser sein, aber dafür ist ja Petrus zuständig, nicht der Ostfriese.

Kommen Sie viel auf den Ostfriesischen Inseln herum?

Ich besuche jede Insel mindestens einmal im Jahr, manche auch mehrmals. Die Inseln sind ja sehr klein, da habe ich meine Arbeit jeweils in zwei Tagen erledigt, obwohl man wegen der sinnvollen Autofahrverbote viele Strecken zu Fuß oder mit dem Rad zurücklegen muss.

Wo und wie leben Sie genau?

Als Reisejournalist ist neben Ostfriesland und seinen Inseln sowie der Lüneburger Heide, den Inseln Zypern und Malta vor allem Griechenland mit seinen über 100 Inseln mein Hauptarbeitsgebiet. Ein wenig schreibe ich auch über die Inseln Nordfrieslands und Mecklenburg-Vorpommerns. So verbringe ich jedes Jahr etwa die Hälfte meiner Zeit auf irgendwelchen Inseln. Außer Reiseführern schreibe ich als Freiberufler Beiträge für Zeitungen, touristische Fachzeitschriften und Magazine.

Mögen Sie die norddeutsche Küche?

Fisch steht auch bei uns zu Hause in Bremen mindestens zweimal wöchentlich auf dem Küchenplan. Von Grünkohl mit Pinkel bekomme ich nie genug, ebenso von den ostfriesischen Torten. Ostfriesentee ist mein liebstes Heißgetränk, Bier aus Friesland mein liebster Gerstensaft. Was ich auf vielen norddeutschen Speisekarten leider vermisse, sind gute Lammgerichte zu angemessenen Preisen.

10 € GUTSCHEIN
für Ihr persönliches Fotobuch*!

Gilt aus rechtlichen Gründen nur bei Kauf des Reiseführers in Deutschland und der Schweiz

SO GEHT'S: Einfach auf www.marcopolo.de/fotoservice/gutschein gehen, Wunsch-Fotobuch mit den eigenen Bildern gestalten, Bestellung abschicken und dabei Ihren Gutschein mit persönlichem Code einlösen.

Ihr persönlicher Gutschein-Code: mp2czwas5w

MARCO POLO

MEINE REISE
Die schönsten Erinnerungen

Erlebe Deine Bilder!

Zum Beispiel das MARCO POLO FUN A5 Fotobuch für 7,49 €.

* Dies ist ein spezielles Angebot der fotokasten GmbH. Der Gutschein ist einmal pro Haushalt/Person einlösbar. Dieser Gutschein gilt nicht in Verbindung mit weiteren Gutscheinaktionen. Eine Barauszahlung ist nicht möglich. Gültig bis 31.12.2013. Der Gutschein kann auf www.marcopolo.de/fotoservice/gutschein auf alle Fotobuch-Angebote und Versandkosten (Deutschland 4,95 €, Schweiz 9,95 €) der fotokasten GmbH angerechnet werden.   powered by   fotokasten

www.marcopolo.de/fotoservice/gutschein

> BLOSS NICHT!

Tipps, die der Natur helfen und Sie vor negativen Erfahrungen auf den Inseln bewahren

Dünenschutz missachten

Die Dünen sind für die Insulaner lebensnotwendig. Sie bilden eine Art natürlichen Deich – solange ihre Pflanzendecke intakt ist. Es ist deswegen streng verboten, die Dünen abseits der ausgewiesenen Wege zu betreten. In den Dünen sollte der Brandgefahr wegen auch auf das Rauchen verzichtet werden.

Auf den letzten Drücker anreisen

Wer mit dem Auto anreist, sollte nicht erst in letzter Minute am Hafen ankommen, sondern besser eine Stunde vor der Abfahrtszeit der Fähre. Man braucht Zeit, um zunächst das Gepäck am Schiff zu verladen, zum Parkplatz zurück und wieder zum Hafen zu fahren.

Naturschutzregeln übertreten

Auf allen Inseln sind von der Nationalparkverwaltung drei Zonen unterschiedlicher Schutzintensität ausgewiesen. Die Ruhezone darf das ganze Jahr über nur auf den ausgewiesenen Wegen betreten werden. Für die Zwischenzone gilt diese Vorschrift meistens von April bis Juli; örtliche Behörden können weitere Verbote aussprechen. Hunde müssen in diesen Zonen grundsätzlich an der Leine geführt werden. Pflanzen zu pflücken ist im gesamten Nationalpark verboten. Die Natur hat überall Vorrang vor dem Menschen; nur in der Erholungszone, die normalerweise die Orte und Badestrände umfasst, wird rein touristischen Interessen stärker Rechnung getragen.

Ohne Preisvergleiche einkaufen

Preisvergleiche lohnen sich auch auf den Inseln. Das gilt nicht nur für Lebensmittel, sondern auch für Souvenirs, bei denen Preisunterschiede bis zu 25 Prozent festzustellen sind.

Seehunde berühren

Von Seehunden sollten Sie mindestens 500 m Abstand halten. Manchmal findet man einen scheinbar von den Eltern verlassenen oder kranken Heuler am Strand. Man sollte ihn auf keinen Fall berühren, sondern die Kurverwaltung oder einen Vertreter des Nationalparks informieren.

Möwen füttern

Möwen machen vielen anderen Vögeln den Lebensraum streitig und gefährden deren Brut. Man sollte nicht noch durch Füttern zu ihrer Vermehrung beitragen

Strandtour per Mietrad unternehmen

Beachten Sie unbedingt, dass Sie mit Leihfahrrädern die Strände nicht befahren dürfen! Bei Missachtung dieses Verbots werden Strafen bis zu 100 Euro fällig.

Ohne Reservierung reisen

Im Juli und August sind die Inseln oft völlig ausgebucht. Wer ohne Reservierung kommt, findet dann kein Zimmer mehr, egal, ob billig oder teuer.